SECONDE PÉRIODE

FRENCH OPERA

in the Seventeenth and Eighteenth Centuries

75 VOLUMES COMPRISING APPROXIMATELY
100 FULL SCORES IN FACSIMILE

EDITOR-IN-CHIEF

BARRY S. BROOK

ASSOCIATE EDITORS

JÉRÔME DE LA GORCE   CATHERINE MASSIP   NICOLE WILD

BOARD OF ADVISORS

RUDOLPH ANGERMÜLLER   DONALD J. GROUT   FRANÇOIS LESURE

JAMES R. ANTHONY   DANIEL HEARTZ   ANDREW PORTER

CONTRIBUTING EDITORS

Rudolph Angermüller	Sherwood Dudley	Nicholas McGegan
James R. Anthony	Jean Duron	Jean Mongrédien
Maurice Barthélémy	Robert Fajon	Michel Noiray
Elizabeth Bartlet	Thomas Green	Lois Rosow
Barry S. Brook	Daniel Heartz	Julian Rushton
Bruce Alan Brown	H. Wiley Hitchcock	Graham Sadler
Leslie Ellen Brown	Vladia Kunzmann	Lionel Sawkins
David Charlton	Jérôme de La Gorce	Herbert Schneider
William Christie	Thomasin La May	Kent M. Smith
Barbara Coeyman	Edmond Lemaitre	Nicole Wild
Alan Curtis	Roberte Machard	R. Peter Wolf
Mary Cyr	Catherine Massip	Neal Zaslaw

Production Editor: Suzanne La Plante

PENDRAGON PRESS, NEW YORK

Frontispiece. Presumed portrait of J.-F. Le Sueur by H. F. Riesener
(1767-1828). Hôtel Drouot, sale of 6 April 1981, n° 108.

LA CAVERNE

DRAME LYRIQUE

JEAN-FRANÇOIS LE SUEUR

INTRODUCTION BY

JEAN MONGRÉDIEN

FRENCH OPERA IN THE 17th AND 18th CENTURIES
VOLUME LXXIV

PENDRAGON PRESS
NEW YORK

A complete listing of the projected volumes in this series
can be found on both front and back end papers of this
book. Volumes are numbered in chronological order by
composer but they will appear as they become available and
not in their numbered sequence.

Library of Congress Cataloguing in Publication Data

Le Sueur, 1760-1837

    La caverne.

    (French opera in the seventeenth and eighteenth centuries;
v. 74)
    Drame lyrique in 3 acts.
    Music by Le Sueur; libretto by Dercy, based on an episode in
Le Sage's Gil Blas de Santillane.
    Reprint. Originally published: Paris: Naderman, 1793?
    Includes a facsim. of the libretto (Paris: Duchesne).
    Prefatory material in English and French.
    Bibliography: p.
    1. Operas—Scores.   2. Operas—Librettos.

I. Dercy, d. 1803. lbt II. Mongrédien, Jean.
III. Le Sage, Alain René, 1668-1747. Histoire de Gil Blas de Santillane. IV. Le Sueur, 1760-1837. Caverne. Libretto. French.
1985. V. Title. VI. Series: French opera in the 17th & 18th
centuries; v.74.
M1500.L56C4 1985   85-750828
ISBN 0-918728-33-9

Table of Contents

Table des matières

List of illustrations

INTRODUCTION

The composer: Jean-François Le Sueur

Biography

Jean-François Le Sueur was born on 16 February 1760 in the village of Drucat-Plessiel, a few kilometers from Abbeville. Son of poor peasants, he showed an exceptional aptitude for music at a very early age; as his parents did not have the means to give him a private musical education, he received his training in the educational schools where he was a student: first at Saint-Vulfran d'Abbeville (1767-1770), then at the school of the cathedral of Amiens (1770-1776). After one year of study (Classe de rhétorique) at the Jesuit college in Amiens, the young man embarked on a career as chapel master at various cathedral schools (maîtrises): in Normandy, at Sées (1778-1779); at Paris where he was assistant chapel master at Saints-Innocents, under the supervision of the abbé Roze (1779); then, again as chapel master, at Dijon (maîtrise of Saint-Étienne, 1779-1782); at the cathedral of Mans (1782-1783); and at Tours (Collégiale Saint-Martin, 1783-1784).

During his stay in the two last mentioned cities Le Sueur had succeeded in making himself known to the Parisian public through performances of some of his own works at the *Concert Spirituel*. This publicity brought about his appointment in 1784 as director of the maîtrise of the Saints-Innocents at Paris. Owing to his talent, to the originality of his ideas about religious music, and to praises from the press, he quickly acquired fame. During Easter week of 1786, his works were played almost every day at the *Concert Spirituel* and this fame resulted in his appointment on 26 June 1786 as director of the most prestigious school in

France next to that of Versailles, the maîtrise of the Notre-Dame cathedral in Paris.

He was to remain there only one year (1786-1787): that brief sojourn, however, was enough to attract the attention of the cultivated Parisian public. He showed himself to be extremely active, producing for the four great religious festivals of the year (Easter, Pentecost, Assumption, and Christmas) his own music, composed according to his "new system" of religious music which he described in detail in a series of five pamphlets published during the same year. This enormous success, which created a scandal, won him a number of enemies, among them some of the canons of the chapter, who dismissed him in the autumn of 1787.

Le Sueur then experienced several extremely difficult years. At Paris, he had become friendly with Sacchini who, shortly before his death, had taken him on as a pupil and helped him with the composition of a first opera *Télémaque*, which he had vainly tried to have performed at the Paris Opéra before the Revolution; when the political situation no longer permitted him to express himself as a composer of religious music, Le Sueur again turned to opera. After secluding himself for several years of study, he reappeared suddenly in the glare of public life, presenting three works successively at the Théâtre Feydeau: *La Caverne* (1793), which was an extraordinary success, *Paul et Virginie* (1794), and *Télémaque* (1796), a revised version of the first *Télémaque* of 1786.

During the Revolution, Le Sueur won renown

with his nomination as teaching inspector at the Conservatoire de musique which the Convention had just created; he had fierce disputes with Sarrette, the director of that institution, from which, finally, he was excluded in 1802. During this period of activity as a teacher he composed a dozen works for the festivals of the Revolution and attracted the attention of Bonaparte by presenting in 1800 at the Invalides his *Chant du premier vendémiaire*, a work requiring huge forces (no less than four orchestras and four choirs spread throughout the church) which uncannily prefigured the disposition later used by Berlioz in the same nave for the performance of his *Requiem*.

When religion was reestablished in France after the signing of the Concordat (1802), Bonaparte summoned the Italian composer Paisiello to direct the newly opened Chapel of the Tuileries, and then, after his departure in 1804, he named Le Sueur to that post, making him thus the first official composer of the *Empire*. Le Sueur held that office alone until 1815, then, with the return of the Bourbons, he shared it with Cherubini until 1830, when the Tuileries was closed. He was extremely active there, presiding over all official functions of the regime (notably at the coronation of Napoleon at Notre-Dame in 1804 and that of Charles X at Reims in 1825). For the repertoire of that chapel he composed approximately 30 religious pieces: masses, oratorios, and motets which were only published much later (after 1826) and often in a different form.

Under the *Empire* Le Sueur also had two operas performed. In 1804, *Ossian* ou *Les Bardes* enjoyed an extraordinary success. By contrast, *La Mort d'Adam* (1809) was a complete failure. Under the *Empire* Le Sueur had associated his name with that of the composer Persuis to produce successively, in 1807, *L'Inauguration du Temple de la Victoire*, a *pièce de circonstance* in one act, without subsequent performances, and *Le Triomphe de Trajan* which, on the contrary, continued to be performed even under the Restoration.

A final opera, composed at the end of the *Empire*, *Alexandre à Babylone*, never saw the footlights despite the efforts of the composer and later his widow to produce it.

Invited back to the Conservatory in 1817 as professor of composition, Le Sueur had among his pupils some of the most important French composers of the next generation: Ambroise Thomas, Gounod, and above all Berlioz on whom he exerted an incontestable influence. Indeed Berlioz was to devote several articles and some celebrated pages of his *Mémoires* to his teacher and his work.

Le Sueur retired in 1830 at the time of the closing of the Tuileries Chapel. He died in semi-obscurity in 1837 in Paris. His name and work were remembered from time to time, but it is really only in the course of the last few decades that musicologists have taken an interest in him.

His operatic output and its historical significance

The work of Le Sueur holds a very important place in the history of French opera: his activity falls within the half century which extends from Gluck to Berlioz. It is therefore necessary to determine whether with his contemporaries Méhul, Catel, Berton, Boieldieu, and Cherubini, he merits the attention of musicologists.

Belonging to that pivotal generation which led imperceptibly from the Enlightenment to Romanticism, he witnessed during half a century a number of changes: political, of course, but also aesthetic. Despite a nationalism that was at times a bit disagreeable, on the one hand against the vogue of Mozart in Paris after 1800, then, after 1815 against that of Rossini and the *dilettanti* (partisans of Italian music), what is striking among all the French composers of that half century was their inability to form a homogenous and coherent group. There was no obvious aesthetic, no leader: no star of the first magnitude capable of holding a place in music comparable to that of Chateaubriand in literature. Each followed the impulse of the moment, seeking his own way as best he could, which resulted, in the domain of opera and particularly with Le Sueur, in attempts in different directions—more or less aborted—but one senses at times ephemeral and brilliant intuitions. If, instead of becoming dangerously inbred, the French operatic school of the time could have grasped what a fertile contribution it could have received from foreign schools, no doubt a composer such as Le Sueur might have been, in a way, the father of pre-romantic French opera, comparable to Carl Maria von Weber's role in German opera.

For that, his training as a composer was insufficient; formed in the cathedral schools and despite the teaching of Sacchini, his familiarity with the technical processes of composition was never very profound; he remained deeply influenced by the aesthetic of the 18th century, notably that of J.-J. Rousseau, to which he constantly referred. A fierce partisan of the *théorie de l'imitation* in the Beaux-Arts, he believed that the essential purpose of music is to portray nature (nature exterior to man or human nature) and to that end, he accorded an absolute predominance to melody over harmony (indeed he never wrote a single piece of instrumental music) and had nothing but disdain for the science of counterpoint. His harmony and rhythm are therefore too often elementary, and instrumental doublings and unisons too frequent.

It is nevertheless a fact that the scores of his operas do not resemble any of those of his contemporaries; the absence of Italianisms, an often jarring vocal line, unusual harmonic progressions, give them a very particular color *sui-generis*. At least three of his operas are of capital historical importance: *La Caverne* of course, but also *Ossian* and *La Mort d'Adam*. These two last operas, both written at the very end of the 18th century, resolutely turn their backs on the past. *Ossian* introduced a mythology new to the French stage, that of the Celts and Scandinavians; many dramatic situations of this opera anticipate those of romantic opera (Bellini's as well as Wagner's); on the other hand one is witness in *Ossian* to a dislocation of the musical forms and formulas in use in all 18th-century French opera, and in this respect, *Le Songe d'Ossian*, into which Le Sueur inserted some esoteric coloration, is the most significant episode of the work.

La Mort d'Adam, mid-way between biblical oratorio and opera, could not revive the interest of the superficial and short-sighted imperial society—despite re-Christianization—in the contemplation of divine mysteries. However, the epilogue of that score, where Le Sueur evokes in an admirable musical fresco the eternal combat of Satan against God, constitutes an absolutely unique page in French operatic history, one which already invokes the epic inspiration of future great biblical works of the romantic poets.

List of operas

La Caverne (1793): cf. *infra.*, p. xiii.

Paul et Virginie ou *Le Triomphe de la vertu* (1794): the designation of drame lyrique only appears in later printings of the score (dating from the Restoration).
> Libretto by Alphonse du Congé du Breuil (dates of birth and death unknown).
> Première at the Théâtre Feydeau 24 nivôse an II (13 January 1794).
> No complete score exists other than the engraved score, which appeared in December 1796 and was again placed on sale after the Restoration with a new title page; there is no modern edition.

Télémaque dans l'Isle de Calypso ou *Le Triomphe de la sagesse*, tragédie lyrique (1796).
> Libretto by Palat-Dercy (dates of birth and death unknown).
> Première at the Théâtre Feydeau 11 May 1796.
> No complete score exists other than the engraved orchestral score, which appeared at an unknown date between 1796 and 1802; there is no modern edition.

Ossian ou *Les Bardes*, opéra (1804).
> Libretto by Palat-Dercy, revised by Deschamps (*ca* 1760-1826).
> Première at the Académie Impériale de musique (Grand Opéra) 21 messidor an XII (10 July 1804).
> Orchestral score printed at the end of 1804 or at the beginning of 1805; several successive printings until the Restoration.
> Piano-vocal score by Théodore Salomé in *Les Chefs-d'oeuvre de l'opéra français* (Paris: Théodore Michaëlis, 188-?; reprint edition, New York: Broude Brothers, 1970).

La Mort d'Adam, tragédie lyrique religieuse (1809).

> Libretto by Nicolas-François Guillard (1752-1814).
>
> First performance at the Académie Impériale de musique (Grand Opéra) 21 March 1809.
>
> No complete score exists other than the engraved orchestral score, which appeared in 1822; there is no modern edition.

Alexandre à Babylone, without mention of genre, composed *ca* 1814-1815.

> Libretto by Baour-Lormian (1770-1854).
>
> Never produced.
>
> No complete score exists other than the engraved orchestral score, which appeared, posthumously, in 1859 or 1860; there is no modern edition.

Operas written in collaboration with the composer Loiseau de Persuis (1769-1819); the part played by Le Sueur in that collaboration is certainly of very little importance:

L'Inauguration du Temple de la Victoire, intermède in one act, with words by Baour-Lormian (1770-1854), produced at the Académie Impériale de musique (Grand Opéra) 2 January 1807. The score of this work, which was never published, is preserved, in manuscript, in the library of the Paris Opéra.

Le Triomphe de Trajan, opéra, with words by Joseph-Alphonse Esménard (1767-1811), produced at the Académie Impériale de musique (Grand Opéra) 23 October 1807. The score of this work, which was never published, is preserved, in manuscript, in the library of the Paris Opéra.

Fig. 1 Engraving of the rue Feydeau and the Théâtre (end of the 18th century). Paris, Musée Carnavalet.

The librettist: Palat, dit Dercy

His life and work

We possess very little information concerning this writer named Palat, known as Dercy. We do not know the place and the date of his birth: in reading the reviews of *La Caverne*, it seems that even his name was unknown to the majority of his contemporaries.

He had already provided Le Sueur with the libretto for his first *Télémaque* (1786); he would have been at that time an obscure ministerial employee. The same year 1786, his play *Adèle de Crécy* was accepted unanimously for performance at the Comédie-Française. The première of that drama in five acts and in free verse took place only on 3 May 1793 and was a failure.

He again collaborated with Le Sueur on *Ossian* for which he provided the libretto; we know only that he died in 1803: during that year, in fact, Le Sueur had to revise the text of *Ossian* and, with Dercy dead, he turned to another poet, Deschamps.

La Caverne, *drame lyrique*

The origins of the libretto for *La Caverne*

Dercy found the subject of *La Caverne* in the first book of *Gil Blas de Santillane* by Lesage (chapters 4 to 12, episode of the brigands) which had never before served as the libretto of an opera. The bandit theme had come into fashion in France around 1785 with the translation of *Die Räuber* of Schiller, which was soon put on the stage (1792) in an adaptation by Lamartelière with the title *Robert, chef des brigands*. Dercy's work follows the corresponding episode in *Gil Blas* only very loosely; four characters from the novel reappear in the opera: Gil Blas, Rolando (the captain of the brigands), the heroine Dona Mencia de Mosquera who takes the name Séraphine, and the old maidservant Léonarde. Dercy invented the central character Don Alphonse, Séraphine's husband, and several minor characters; he changed the facts of the famous novel in two important respects: 1) he made Rolando Séraphine's brother; they are both ignorant of their true identities and come to recognize each other at the dénouement, which provides an additional romanesque element; and 2) Séraphine's husband, whom she thinks is dead, was not really killed and, to save his wife—adding a new melodramatic element to Lesage's work—he succeeds in stealing into the cavern disguised as a blind beggar.

This libretto in general pleased contemporary audiences. It presented a rather remarkable modern aspect: it no longer was concerned with restoring to life princes and princesses from mythology or history but with men and women of the day who faced awesome perils. In addition this libretto combined heterogenous elements: melodrama and tragedy together with comedy. In fact, certain roles, such as that of Séraphine, were those of the opera, while others, like that of Léonarde principally, recalled the style of the opéra-comique or the comédie mêlée d'ariettes. From its plot at once dramatic, violent, and comic, to its happy and moralizing ending, this hybrid piece, composed of rather elementary situations not exempt at times from a certain *vérisme* (cf. the final fusillade), had all the ingredients to satisfy the tastes of a revolutionary public.

Origins and place of *La Caverne* in the work of Le Sueur

We have observed in the preceding biographical account that the young Le Sueur, chapel master in 1786 at Notre-Dame in Paris, began working at the same time, under the direction of Sacchini, as a composer of opera, setting to music the libretto of *Télémaque*, which he was unable to have produced at the Opéra in Paris on the eve of the Revolution. Reduced to silence as a composer of religious music from 1790 on, Le Sueur, in his retreat at Sucy-sur-Marne (near Paris), undertook the composition of a new opera, namely *La*

Caverne. We have, unfortunately, almost no documents from the years 1788-1792, during which he created this new work before reappearing suddenly at the center of Parisian musical life at the beginning of 1793.

To understand better all the novelty that the score of *La Caverne* presented in 1793, it would be useful to recall what the French operatic stage was like at that time.

On the one hand there was the vogue, still well

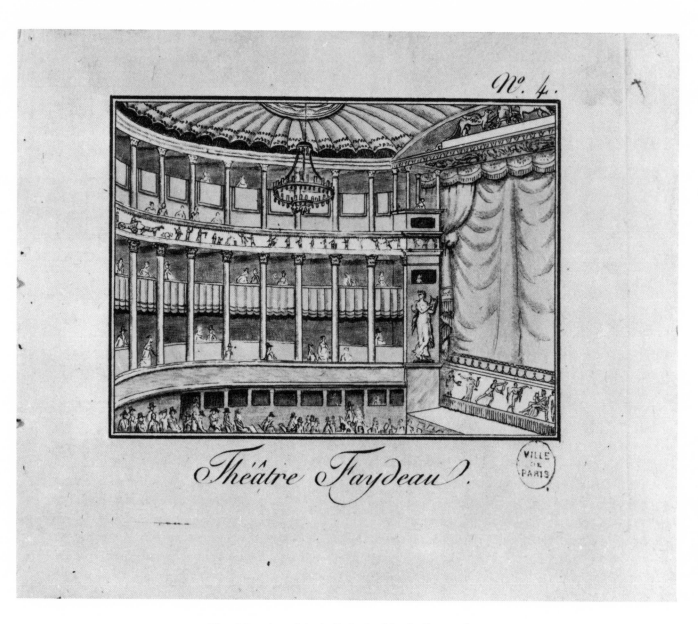

Fig. 2 Interior of the hall. Paris, Musée Carnavalet.

entrenched, for opéra-comique and the comédie mêlée d'ariettes, of which Grétry was then the acknowledged master. With its simple and touching plot, at times bordering on sentimentality, and its facile music, often full of charm, the genre, which traditionally combined spoken dialogue with airs and ensembles, remained in fashion during the whole revolutionary period.

On the other hand, there was grand opéra which, by the end of the century, was showing evident signs of fatigue. The masterpieces of French lyric tragedy were produced by the likes of Rameau and Gluck. After Gluck, who was the model for opera composers in France during the two final decades of the 18th century, the genre was developed above all by foreigners living in France and setting French librettos: Piccinni, Sacchini, Salieri. A certain lassitude developed with respect to the antiquated pomp of mythological subjects, to dénouements with plumed Olympian gods descending from the rafters, and to the coldness of outdated subjects which very few composers succeeded in animating effectively. The stereotyped musical formulas, at times not devoid of grandeur and nobility, no longer touched the emotions of the public, the all-too-frequent danced intermezzos exhausted its patience. In short, the tragédie lyrique was then a slowly dying genre.

The above explains the novelty of a score such as that of *La Caverne* in 1793. It did not fall into any of the traditionally recognized categories of the time; in one stroke Le Sueur had made a sudden rupture with everything then commonly practiced. First, on the purely dramatic level, the combination of grand scenes of opera with comic airs and spoken dialogues obligatory at the Théâtre Feydeau (which replaced the recitative) were new; but this was not the only novelty of the score. Le Sueur's musical language was also new, consisting of disjointed melodies, strange sequences, chaotic but very expressive modulations, frequent ambiguities in the treatment of tonality (notably at times the tendency to prolong the Neapolitan sixth chord), the use of weak degrees of the scale, choruses (always men's voices in three parts) most often in a syllabic style with an expressionistic character still unknown at that time, everything in this score adds to the impression of a systematic rejection of academically imposed formulas.

The orchestra of Le Sueur in *La Caverne* is as follows:

strings
two flutes
two oboes
two clarinets in C
two bassoons
four horns
trumpets (without trombones)
kettledrums

The use the composer makes of this orchestra is original: from the overture onward, he gives special prominence to the woodwinds (horn, then bassoon, clarinet, and oboe) which are first heard successively in solos and then in combination, the whole somewhat in the manner of the symphonie concertante. Contemporaries were struck by this exploration of timbral effects, which was unusual in the overture of an opera in the second half of the 18th century.

One of the equally essential characteristics of Le Sueur's orchestration (which at times becomes routine) is the constant contrast of dynamic level in the course of a single phrase: fortissimi and pianissimi succeed one another continually, very often in the course of the single measure. This procedure is particularly noticeable in his writing for strings: often each of the four beats of the measure bears alternately the dynamic *pp* and the dynamic *ff*. Similarly Le Sueur is particularly fond, in writing for strings, of a succession of staccatos and sforzandos, which helps give the phrase a nervous and disjointed character (cf. for example Séraphine's air, p. 286, *Je suivrai tes pas*).

Le Sueur's melody, whether orchestral or vocal, is more often agitated than smooth, more often halting than serene. In *La Caverne* he renounces the charm of a cantilena in the search for an expressive phrase of beautiful song.

Granted, certain contemporary critics, notably that of the *Allgemeine musikalische Zeitung* (9 September 1812), were able to write that this opera "is crowded with harshness, mistakes in harmony, with poor sequences and bad resolutions" and that "only he who can confuse noise with power, din with grandeur, and the bizarre with the original can bear without pain these moanings and that continual furor of all the voices." But it is precisely the supposed faults that dot the score of *La Caverne* that constitute its principal originality today.

No other composer until today has taken such liberty with the rules as Le Sueur: he was the first blithely to shake off the yoke of authority and tradition. Refusing the academicism which prevailed among French opera composers, he wrote as he wished, caring little whether what he wrote was correct or not. For him, this was the only valid means of expressing his personality. His *irrégularité* was his strength and the major interest of *La Caverne* is in being, for its time, a *modern* score that resolutely turns its back on its century.

To be sure, it would be wrong to see in *La Caverne* a romantic opera before its time; if there are pre-romantic features in the operas of Le Sueur, these should be sought in *Ossian* and in *La Mort d'Adam*. In *La Caverne*, on the contrary, the subject and the music itself have at times a very pronounced *realistic* character; here Le Sueur's art is intentionally violent and aggressive; mawkishness and affectation—if not, unfortunately, always banality—are absent from this score and we can understand that the contemporary public, free to revoke its first impression later, was enthused by the passion of this opera which, albeit indistinctly, already pointed the way to a new language.

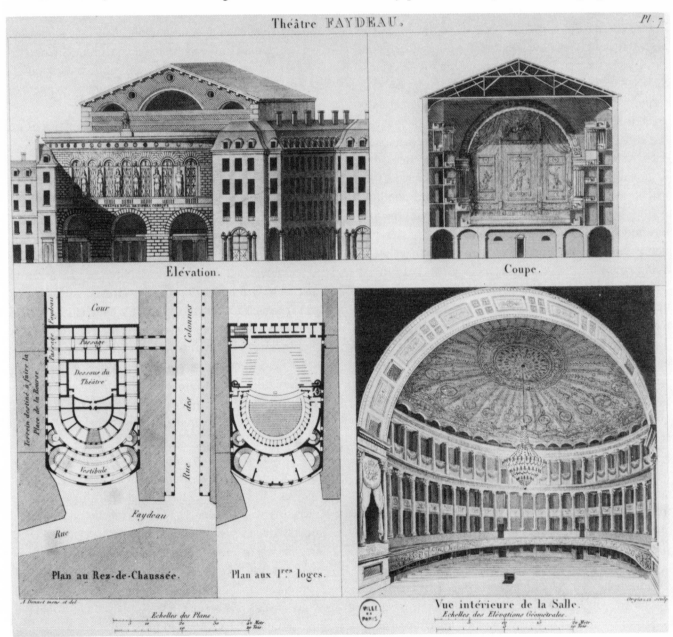

Fig. 3 The Théâtre Feydeau (elevation, cross-section,
plan, and interior view).

The first performance took place in Paris at the Théâtre Feydeau on 16 February 1793 (see figs. 1, 2, and 3, p. xii, xiv, and xvi). We know from the press of the time that Cherubini had ''the kindness to direct the rehearsals of this work'' and, the day of the performance, seeing that Le Sueur was too nervous to conduct his opera himself, ''he seized the baton and conducted from the prompter's box.''

At the première, the cast was as follows:

Séraphine:	Mme Scio
Léonarde:	Mlle Verteuil
Alphonse:	Gaveaux
Rolando:	Chateaufort (replacing the famous Martin, the singer initially hired but sick that night).

From the first night, the opera was a success, the press being almost unanimous in singing the praises of the composer. The disappearance of the archives of the Théâtre Feydeau does not permit us to know the exact number of performances from 1793 to the end of the century, but it does not seem excessive to place the number—quite extraordinary for the time—at two or three hundred. Berlioz said that that opera ''was performed more than a hundred times in fifteen months.'' Revivals were put on at the beginning of the 19th century: November 1801, February 1805; under the Restoration, Le Sueur undertook to modify the score for performance at the Opéra of Paris (1816), and later at the Opéra-Comique (1826); but these plans were never realized.

La Caverne is Le Sueur's only opera to enjoy a large diffusion in the French provinces and in foreign countries. The absence of systematic surveys of theater programs prevents us from providing an exhaustive list. However, we may note the following foreign productions:

Liège	1795
Brussels	1795
Cologne	1796-1797
Rotterdam	1796-1797
Hamburg	1797
Ghent	1798-1799
Brunswick	1804
Saint Petersburg	1805
Antwerp	1805
Berlin	1807

Moscow	1809 and 1819
Kassel	1812
Stuttgart	1817
Ghent	1817
Prague	1819
Verviers	1824
Antwerp	1826-1827 and 1838-1839

In June 1803, *La Caverne* was produced in Vienna almost simultaneously by two rival companies of the Austrian capital, each with a different translation:

Theater An der Wien, with the title *Die Höhle bei Kosire*.
Theater Am Kärnthner Thore, with the title *Die Räuberhöhle*.

The last performance actually known of *La Caverne* took place in 1847 at the Théâtre des Arts in Rouen.

After this, only the overture and the choruses of *La Caverne* have been heard in concert—at ceremonies in memory of Le Sueur (1847 and 1937). This opera has never appeared in a recording; this is a regrettable omission; the overture, Séraphine's great scene at the beginning of the second act, and above all the admirable choruses should figure prominently in every anthology of French opera.

To compete with the success of *La Caverne* at the Théâtre Feydeau, the Opéra-Comique presented in 1793 an opera with the same title, the words by Forgeot, music of Méhul, which in its comic manner sought to vie with Le Sueur's opera. In the final vaudeville, Gil Blas sings the following couplets, the final lines of which allude to the Republican ideas of 1793:

A Gil Blas has already presented himself
On the stage successfully.
I, like him, son of Lesage,
I have appeared there a little later.

He has seized the heritage:
Will he be the only fortunate one?
I highly respect my elder,
But I claim my share.

Sirs do not refuse me:
All should be equal here!

Iconography

The unique stage set of *La Caverne* is known to us thanks to the frontispiece of the orchestral score engraved at Naderman (see p. xlix). This stage set is quite original in that it divides the stage in two parts, one above the other (as in the final act of Verdi's *Aida*); the higher part represents a forest, the lower part the interior of the thieve's cave.

Furthermore, the success of the opera resulted doubtlessly in the publication of a series of color engravings, drawn and engraved by L. Rousseau, representing the principal personages of *La Caverne*. At present we have only been able to find two of them: one represents the singer Juliet in the role of one of the thieves (see fig. 4, p. xx; the engraving is also published in Jean Mongrédien, *Jean-François Le Sueur, contribution à l'étude d'un demi-siècle de musique française*, Bern, 1980, p. 262); the other presents the silhouette of Mme Hedou-Verteuil in the role of Léonarde, the servant (see fig. 5, p. xxiv).

Sources

Scores

Manuscripts

1. Orchestra and voices, two volumes, 453 p., Pim F2 3 (1 and 2).

The words, stage directions, and instrumentation are in Le Sueur's hand; it is difficult to decide if the music itself is autograph. At any rate the writing is old (end of the 18th century). This score appears to date from the production of *La Caverne* at the Théâtre Feydeau.

In the third act (p. 423-34) this score contains an ensemble in E-flat major, unpublished, that replaces the *first part of the finale*, p. 294-320 of the engraved score.

2. Orchestra and voices, four volumes, 598 p., Po 𝄞 1019 (1-4).

The score is written in several hands, one of which is that of Le Sueur. It appears likely that this is the score on which Le Sueur himself worked during the different attempts to revive the work at the Opéra and Opéra-Comique in 1816 and 1826.

3. Orchestra and voices, three volumes, 351 p., **D Sl** Musik 311 (a-c).

Non-autograph manuscript (beginning of the 19th century); text in German translation.

4. Orchestra and voices, six volumes, 870 p., **A Wn** Musikabteilung KT 375.

Non-autograph manuscript (beginning of the 19th century); text in German translation.

5. Piano and voices, one volume oblong, 460 p., **A** Wgm Q 1550.

Non-autograph manuscript (beginning of the 19th century); text in German translation.

6. Voices only and instrumental bass; text in Russian translation, **USSR** Ltob.

7. Several manuscript pages for orchestra and voices of an unpublished version of *La Caverne*, Pn Mus. Ms. 12272 (see figs. 6 and 7, p. xxviii and xxxii).

Engraved score

Orchestra and voices, in-folio., 330 p., two folios, n.n.; s.d.

    f.n.c. (1ʳ): title and frontispiece engraved and signed Huguet, representing the double décor. Paris: Naderman.

    f.n.c. (1ᵛ): blank.

    f.n.c. (2ʳ): "Catalogue de musique appartenant à M. Naderman. . ."

    f.n.c. (2ᵛ): blank.

Detail of the title folio 1ʳ:

La Caverne/drame lyrique/en trois actes/représenté pour la première fois sur le théâtre de la rue/Feydeau le 16 février 1793 (vieux stil) l'an 1er de la République/Paroles de Dercis/musique de Le Sueur/ gravé par Huguet/Prix °°°/À Paris chez Naderman Editeur luthier Facteur de harpes et autres instruments/de musique Rue d'Argenteuil Bute des Moulins à Apollon.

Another printing with the following address:

Naderman, breveté, facteur de harpes, Editeur marchand de musique du roi/rue de Richelieu n° 46 à la clef d'or, Passage de l'ancien café de Foy.

This score must have appeared at the end of 1794 or the beginning of 1795.

Parts

1. Nine orchestral parts; non-autograph manuscript (end of the 18th century), Pn Mus. L. 18641.

2. 19 orchestral parts; non-autograph (beginning of the 19th century), **NL** DHgm, Fonds du répertoire du théâtre français.

3. 34 orchestral parts; non-autograph manuscript (end of the 18th or beginning of the 19th centuries), **B** Ac.

4. 23 orchestral parts; non-autograph manuscript, **USSR** Ltob.

5. Voice parts, roles; non-autograph manuscript (end of the 18th century), Pn Mus. L. 5312.

Separate excerpts

Reductions for voice and piano, various arrangements: it is impossible to give here an exhaustive bibliography of all the separate excerpts, manuscripts, and prints of *La Caverne*; it can be found in Jean Mongrédien, *Catalogue thématique de l'oeuvre complète du compositeur Jean-François Le Sueur* (New York: Pendragon Press, 1980), 56-67.

We should note, however, that the publisher Naderman printed, s.d. (end of the 18th century), one series of 12 airs from *La Caverne* arranged for piano and voice by the composer.

The only short ariette, *Le pauvre temps*, gave rise to no less than 13 different transcriptions.

Librettos

Manuscripts

1. Non-autograph manuscript with several autograph corrections by Le Sueur, 56 p. New version for the production intended for the Paris Opéra in 1816, Pn Mus. Ms. 8500.

2. Non-autograph manuscript, 44 p., Pn Mus. Ms. 6355.

3. Non-autograph manuscript, 56 p. This version without doubt is later than that of the two previously mentioned librettos (perhaps it was intended for production at the Opéra-Comique in 1826?), Pn Mus. Ms. 8501.

JULIET (dans la Caverne.)

A Paris chez Huet, rue St Honoré No. 70.

Fig. 4 The singer Juliet singing the role of one of the brigands in *La Caverne*.
Sketched and engraved by L. Rousseau, 1793. Pn L 5046 (2).

Prints

1. Petit in-4° (Paris: veuve Duchesne, s.d. [1793?]), 37 p., only example actually known, Pa Rf 17671.

2. In-4° (Liège: chez la citoyenne Bollen, an IV), 44 p., Pn Mus. Th. 671.

3. In-12° (Ghent: chez Dufour, 1798), 40 p., slightly different text from the two preceding librettos, Pn Mus. L. 5406 (1).

4. In-8° (Amsterdam: bij Abraham Mars, 1799), 63 p., Dutch translation with the title *De rootspe-*

lonk, **NL** Amsterdam, Toneel Museum, 5 A 104.

5. In-16° (Vienna: bey Job. Babt. Wallishauser, 1803), 60 p., German translation with the title *Die Räuberhöhle*; only example known today, **A** Wn 3215 A.

6. In-16° (Vienna: bey Mathias Andreas Schmidt, 1803), 48 p., German translation with the title *Die Höhle bey Kosire*, **A** Wn 621750 A.

7. A libretto in German translation published in Hamburg in 1804 is mentioned in Loewenberg, *Annals of opera*, p. 507. This libretto has not been found.

Choice of facsimiles

The choice for reproduction here of the score engraved by Naderman was the only possibility since there was no other edition either during Le Sueur's lifetime or after his death.

    The libretto chosen (a unique copy is preserved) is

the only one known to have been published during the first years of *La Caverne*'s triumph at the end of the 18th century; all the others were published later and in foreign countries.

Characters and plot

Summary of the plot

Act I

The action takes place in Spain in the 18th century. The stage set is divided into two parts, one above the other; the lower part of the scene is a subterranean cave dug into the rocks, and the upper part a forest.

    When the curtain rises three characters are on the stage: Séraphine, a Spanish noblewoman whom the brigands took prisoner after having killed her husband; Léonarde, an old maidservant of the thieves; and Gil Blas, who has been held prisoner for six months.

    Séraphine despairs of her plight while her two companions in misfortune try to console her (scene 1).

Gil Blas says that he intends to help her to escape and to flee with her. He also reveals that he was a former servant of Séraphine's father (scene 2).

    Waiting for the thieves to return, Léonarde sings an ariette, *Le Pauvre temps* (scene 3); soon we hear outside the chorus of thieves returning from a robbery (scene 4); they gradually appear on stage. Their leader, Rolando, makes advances at Séraphine which she resists with horror (scene 6). Gil Blas leaves the cave along with several thieves with the secret purpose of bringing help to free the prisoners.

    Séraphine's husband, Alphonse, who was not really killed, appears in the forest (the upper part of the scenery); he sings a lament: the thieves go out to capture him (final).

Act II

Séraphine, alone on the stage, is in despair (scene 1); the thieves return bringing with them an old man they have just taken prisoner, who is none other than Alphonse in disguise (scene 2). He sings his lament again and is recognized by his wife (scene 3); to divert attention to her, the old servant Léonarde sings a gentle song (scene 7). One of the thieves, Roustan, tries by surprise to lay hands on Séraphine; Rolando intervenes to defend the young woman.

Act III

The thieves plot against their leader Rolando (scenes 1 and 2); Léonarde warns him of the plot. Soon Rolando begins to repent his evil ways and he remembers his happy and innocent childhood (scene 4). He tells Séraphine and Alphonse that he intends to help them escape (scene 6) and reveals his true identity: son of a noble family, his real name is Don Juan and it turns out that he is. . .Séraphine's brother. The thieves, who had gone in search of plunder, return at that moment (scene 9). Don Juan, the married pair, and Léonarde resist them. The cave begins to collapse under the blows of a group of attackers coming from the outside: actually it is Gil Blas who has returned with soldiers (scenes 10 and 11). The thieves, who are attacked from both sides simultaneously, are finally massacred (scene 12). Gil Blas rejoins his masters and friends for the happy final chorus.

Tessituras of characters

Séraphine, Spanish noblewoman, Alphonse's wife, courted by Rolando who she will discover is her brother.
first soprano:

Léonarde, servant to the brigands.
second soprano:

Rolando, captain of the brigands.
bass:

Alphonse, Séraphine's husband.
countertenor:

Gil Blas, Séraphine's former servant, involved with the brigands against his will.
tenor:

chorus, composed of supernumeraries and of brigands (men's voices only: counter tenors, tenors, and basses).

Translation by
Timothy Jackson

Bibliography

Coutts, Jennifer. *Jean-François Le Sueur, a study of the composer and five of his operas.* PhD dissertation, U. of Cardiff, 1966.

Dietz, Max. *Geschichte des musikalischen Dramas in Frankreich während der Revolution bis zum Direktorium (1787-1795).* Vienna: s.p., 1880.

Mongrédien, Jean. *Catalogue thématique de l'oeuvre complète du compositeur Jean-François Le Sueur.* New York: Pendragon Press, 1980, 45-70.

____. *Jean-François Le Sueur, contribution à l'étude d'un demi-siècle de musique française, (1780-1830).* Bern: Peter Lang, 1980, 217-307.

All the newspapers at the end of the 18th century discussed *La Caverne* a great deal; for a detailed bibliography, cf. Jean Mongrédien, *loc. cit.*, 273-307.

Abbreviations

A	Wgm	Wien, Gesellschaft der Musikfreunde
A	Wn	Wien, Österreichische Nationalbibliothek (formerly K.K. Hofbibliothek), Musiksammlung
B	Ac	Antwerpen (Anvers), Koninklijk Vlaams Muziekconservatorium (formerly Vlaamsche Muziekschool)
D	Sl	Stuttgart, Württembergische Landesbibliothek (formerly Königliche Hofbibliothek)
F	Pa	Paris, Bibliothèque de l'Arsenal
	Pim	Paris, Institut de musicologie de l'Université
	Pn	Paris, Bibliothèque nationale
	Pn Mus.	Paris, Bibliothèque nationale, Musique
	Po	Paris, Bibliothèque-Musée de l'Opéra
NL	DHgm	Den Haag, Gemeente Museum
USSR	Ltob	Leningrad, Central'naja muzykal'naja biblioteka Theatra opery i baleta im. S.M. Kirova
fig.		figure
figs.		figures
p.		page or pages

HEDOU VERTEUIL Jouant le role de Leonarde, dans la Caverne

A Paris chez Huet, rue St Honoré vis a vis les Jacobins

Fig. 5 Hedou Verteuil singing the role of Léonarde in *La Caverne*.

Le Compositeur: Jean-François Le Sueur

Biographie

Jean-François Le Sueur est né au village de Drucat-Plessiel, à quelques kilomètres d'Abbeville, le 15 février 1760. Fils de paysans pauvres, il manifesta très jeune des aptitudes exceptionnelles pour la musique; ses parents n'ayant pas les moyens de pourvoir personnellement à son éducation musicale, il dut toute sa formation à l'enseignement des maîtrises de cathédrales où il fut élève: d'abord à Saint-Vulfran d'Abbeville (1767-1770), puis à la maîtrise de la cathédrale d'Amiens (1770-1776). Après un an d'études (Classe de rhétorique) au collège des Jésuites d'Amiens, le tout jeune homme commença une carrière de maître de chapelle à travers différentes maîtrises de France: en Normandie, à Sées (1778-1779), à Paris où il est sous-maître de chapelle aux Saints-Innocents, sous la direction de l'abbé Roze (1779), puis, de nouveau en tant que maître de chapelle, à Dijon (maîtrise de Saint-Étienne, 1779-1782), à la cathédrale du Mans (1782-1783), à Tours (Collégiale Saint-Martin, 1783-1784).

Pendant son séjour dans ces deux dernières villes Le Sueur avait réussi à se faire connaître du public parisien en faisant exécuter différentes oeuvres de lui au *Concert Spirituel*. Cette notoriété lui valut d'être appelé en 1784 à la direction de la maîtrise des Saints-Innocents à Paris. Grâce à son talent, à l'originalité de ses idées en matière de musique religieuse, et aux éloges de la presse, il y acquit vite la notoriété. Durant les fêtes de Pâques 1786, ses oeuvres furent jouées presque chaque jour au *Concert Spirituel* et cette célébrité lui valut d'être nommé, le 26 juin 1786, à la direction de la maîtrise la plus prestigieuse de France avec celle de Versailles, la maîtrise de la cathédrale Notre-Dame de Paris.

Il ne devait y rester qu'une année (1786-1787): ce bref passage fut suffisant cependant pour attirer sur lui l'attention de tout le public cultivé de la capitale. Il développa en effet dans cette fonction une immense activité, faisant exécuter aux quatre grandes fêtes religieuses de l'année (Pâques, Pentecôte, Assomption, et Noël) des oeuvres de lui, composées selon son ''nouveau système'' de musique religieuse dont il développa abondamment les idées dans cinq brochures publiées au cours de la même année. Ce succès immense, qui fit scandale, lui suscita de nombreux ennemis, y compris parmi les chanoines du chapitre, qui le congédièrent à l'automne de 1787.

Le Sueur connut alors quelques années extrêmement difficiles. À Paris, il avait fait connaissance de Sacchini qui, peu avant de mourir, l'avait pris au nombre de ses élèves et l'avait aidé dans la composition d'un premier opéra *Télémaque* qu'il essaya vainement de faire jouer à l'Opéra de Paris avant la Révolution; les évènements politiques ne permettant plus au compositeur de musique religieuse de s'exprimer, c'est vers l'opéra que se tourna alors de nouveau Le Sueur. Après une retraite studieuse de plusieurs années, il reparut d'un seul coup sous les feux de l'actualité en faisant jouer successivement trois oeuvres au Théâtre Feydeau: *La Caverne* (1793) qui connut un succès extraordinaire, *Paul et Virginie* (1794), et *Télémaque* (1796, version remaniée du premier *Télémaque* de 1786).

Sous la Révolution, Le Sueur s'illustra aussi par sa nomination comme inspecteur de l'enseignement au Conservatoire de musique que venait de créer la Convention; il eut des démêlés retentissants avec Sarrette, le directeur de cet établissement dont il fut finalement exclu en 1802. Parallèlement à cette activité d'enseignement, il composa une douzaine d'oeuvres pour les fêtes de la Révolution et attira sur lui l'attention de Bonaparte en faisant exécuter en 1800 aux Invalides son *Chant du premier vendémiaire*, oeuvre aux effectifs gigantesques (pas moins de quatre orchestres et de quatre choeurs répartis dans l'église) qui préfigure étrangement la disposition adoptée plus tard par Berlioz dans la même nef pour l'exécution de son *Requiem*.

Le culte rétabli en France à la suite de la signature du Concordat (1802), Bonaparte fit d'abord appel au compositeur italien Paisiello pour diriger la Chapelle des Tuileries nouvellement ouverte, puis, après le départ de celui-ci en 1804, il nomma à ce poste Le Sueur, faisant ainsi de lui le premier compositeur officiel de l'Empire. Le Sueur devait exercer cette charge seul jusqu'en 1815, puis, au retour des Bourbons, en partage avec Cherubini jusqu'en 1830, date de la fermeture de la chapelle des Tuileries. Il y développa une énorme activité, présidant à toutes les manifestations officielles du régime (notamment au sacre de Napoléon à Notre-Dame en 1804 et à celui de Charles X à Reims en 1825). Pour le répertoire de cette chapelle il composa une trentaine de pièces religieuses: messes, oratorios, motets qui ne furent publiés que très tardivement (à partir de 1826) et sous une forme souvent différente.

Sous l'Empire, Le Sueur fit encore représenter deux opéras. En 1804, *Ossian* ou *Les Bardes* connut un succès extraordinaire. En revanche *La Mort d'Adam* (1809) se solda par un échec retentissant. Sous l'Empire enfin Le Sueur avait associé son nom à celui du compositeur Persuis pour faire, en 1807, successivement jouer *L'Inauguration du Temple de la Victoire*, pièce du circonstance en un acte, sans lendemain, et *Le Triomphe de Trajan* qui, au contraire, se maintint à l'affiche jusque sous la Restauration.

Un dernier opéra, composé à la fin de l'Empire, *Alexandre à Babylone* ne connut jamais les feux de la rampe, malgré les efforts du compositeur et plus tard ceux de sa veuve pour le faire représenter.

Réintégré au Conservatoire en 1817 en qualité de professeur de composition, Le Sueur eut dans sa classe certains des plus grands compositeurs français de la génération suivante: Ambroise Thomas, Gounod, et surtout Berlioz sur lequel il eut incontestablement de l'influence. Berlioz devait d'ailleurs consacrer plusieurs de ses feuilletons et des pages célèbres de ses *Mémoires* à son maître et à son oeuvre.

Le Sueur prit sa retraite en 1830, lors de la fermeture de la Chapelle des Tuileries. Il mourut, dans un demi-oubli, en 1837 à Paris. Sa personnalité et son oeuvre furent évoqués parfois encore, mais en fait, c'est seulement au cours des dernières décennies que les musicologues se sont intéressés à lui.

L'Oeuvre dramatique et sa signification historique

Dans l'histoire de l'opéra français, l'oeuvre de Le Sueur tient une place très importante: son activité en effet s'est exercée exactement durant le demi-siècle qui s'étend de Gluck à Berlioz. C'est donc dire si, avec ses contemporains Méhul, Catel, Berton, Boieldieu, et Cherubini, il mérite de retenir l'attention des musicologues.

Appartenant à une génération-charnière, celle qui a conduit insensiblement du siècle des Lumières au romantisme, il a vu durant un demi-siècle s'opérer quantité de changements autour de lui: politiques d'abord, naturellement, mais aussi esthétiques. Malgré un nationalisme certain qui ne craint pas de s'affirmer de façon parfois un peu déplaisante, d'une part contre la vogue de Mozart à Paris à partir de 1800, puis, après 1815, contre celle de Rossini et du clan des *dilettanti*, partisans de la musique italienne, ce qui frappe chez tous les compositeurs français de ce demi-siècle, c'est leur incapacité de former une école homogène et cohérente; pas de manifeste esthétique, pas de chef de file: aucune étoile de première grandeur, capable de tenir en musique une place comparable à celle de Chateaubriand en littérature. Chacun suit l'impulsion du moment et cherche sa voie comme il le peut, d'où, dans le domaine de l'opéra et particulièrement chez Le Sueur, des tentatives dans différentes directions, plus ou moin avortées, mais où l'on pressent parfois d'éphémères et géniales intuitions. Si, au lieu de se replier dangereusement sur elle-même, l'école d'opéra français du temps avait su comprendre quel apport fécond elle pouvait recevoir des écoles étrangères, nul doute qu'un compositeur tel que Le Sueur eût pu être, en quelque sorte, le père d'un opéra pré-romantique français, quelqu'un d'un peu comparable à ce que fut, pour l'opéra allemand, Carl Maria von Weber.

Pour cela, son métier de compositeur d'abord n'était pas suffisant; formé dans les maîtrises et malgré l'apport de l'enseignement reçu de Sacchini, ses connaissances en écriture musicale ne furent jamais très profondes; il reste d'autre part très marqué par l'esthétique du 18e siècle, notamment celle de J.-J. Rousseau à laquelle il se réfère continuellement. Partisan acharné de la *théorie de l'imitation* dans les Beaux-Arts, il pense que le but essentiel de la musique est de peindre la nature (nature extérieure à l'homme ou nature humaine) et, à cet effet, accorde une prédominance absolue à la mélodie sur l'harmonie (il n'écrira d'ailleurs pas une seule pièce de musique instrumentale) et n'a que mépris pour la science contrapuntique. Son harmonie et sa rythmique sont donc trop souvent élémentaires, les doublures instrumentales et les unissons trop fréquents.

Il n'en reste pas moins cependant que les partitions de ses opéras ne ressemblent à aucune de celles de ses contemporains; l'absence d'italianismes, une ligne vocale souvent heurtée, des enchaînements harmoniques inhabituels, leur donnent une couleur *sui-generis* très particulière. Trois de ses opéras au moins sont d'une importance historique capitale: *La Caverne* d'abord, mais aussi *Ossian* et *La Mort d'Adam*. Ces deux derniers opéras, conçus tous les deux à l'extrême

fin du 18e siècle, tournent résolument le dos au passé. *Ossian* introduit sur la scène de l'opéra français une mythologie nouvelle, celle des Celtes et des Scandinaves; bien des situations dramatiques de cet opéra annoncent celles de l'opéra romantique (aussi bien d'ailleurs de Bellini que de Richard Wagner); d'autre part on assiste dans *Ossian* à une dislocation des formes et des formules musicales en usage dans tout l'opéra français du 18e siècle et à cet égard, *Le Songe d'Ossian*, où Le Sueur a glissé quelque coloration d'ésotérisme, est la page la plus significative de l'oeuvre.

La Mort d'Adam, à mi-chemin entre l'oratorio biblique et l'opéra, ne pouvait pas remporter les suffrages de la société impériale superficielle et peu portée, malgré la rechristianisation, à la contemplation des divins mystères. Cependant l'épilogue de cette partition où Le Sueur évoque en une admirable fresque musicale l'éternel combat de Satan contre Dieu, constitue une page absolument unique dans l'histoire de l'opéra français où passe déjà le souffle épique des futures grandes oeuvres bibliques des poètes romantiques.

Liste des opéras

(voir ci-dessus, p. xi-xii)

Le Librettiste: Palat, dit Dercy

Sa vie et son oeuvre

On possède très peu de renseignements sur cet auteur nommé Palat, dit Dercy. On ignore le lieu et la date de sa naissance: à lire les critiques parues au lendemain de *La Caverne*, il semble que son nom même était inconnu de la plupart des contemporains.

Il avait déjà fourni à Le Sueur le livret de son premier *Télémaque* (1786); il aurait été à cette époque un obscur employé de ministère. La même année 1786, un drame de lui, *Adèle de Crécy*, fut reçu à

l'unanimité à la Comédie-Française. La première de ce drame en cinq actes et en vers libres n'eut lieu en fait que le 3 mai 1793 et fut un échec.

Avec Le Sueur il collabora encore pour *Ossian* dont il fournit également le livret; on sait seulement qu'il était mort en 1803; à cette date en effet, Le Sueur doit remanier le texte d'*Ossian* et, Dercy étant mort, il s'adresse à un autre poète, Deschamps.

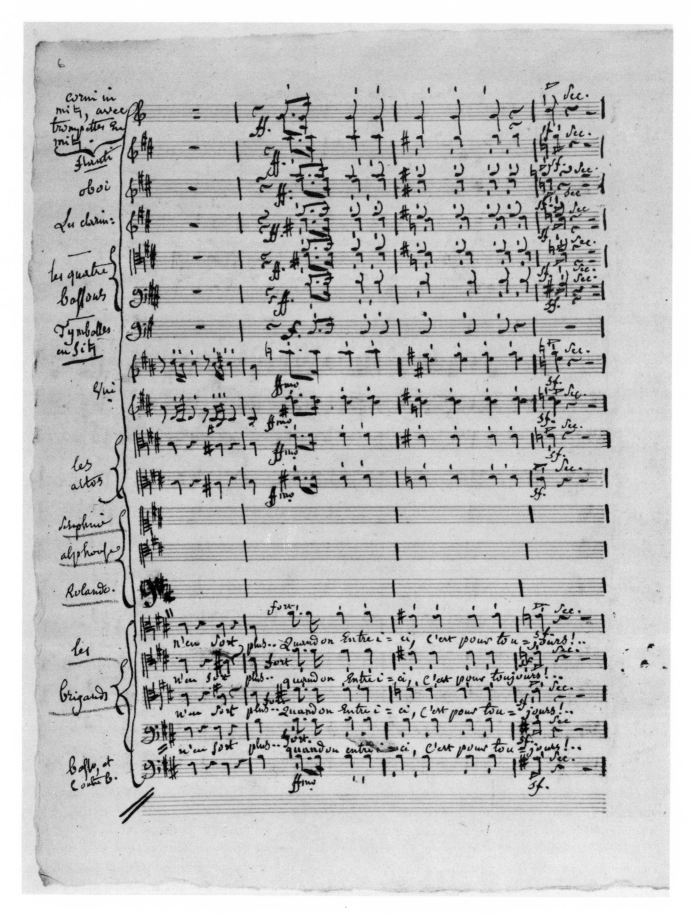

Fig. 6 Le Sueur's autograph manuscript (unpublished fragment
for *La Caverne*). Pn Mus. Ms. 12272 (1).

La Caverne, *drame lyrique*

Les Origines du livret de *La Caverne*

Dercy a trouvé le sujet de *La Caverne* dans le premier livre du *Gil Blas de Santillane* de Lesage (chapitres 4 à 12, épisode des brigands) qui n'avait encore jamais fourni de livret d'opéra. Le thème des brigands avait été mis à la mode en France aux alentours de 1785 par la traduction des *Brigands* (*Die Räuber*) de Schiller qui furent bientôt portés à la scène (1792) dans une adaptation de Lamartelière sous le titre de *Robert, chef des brigands*. L'oeuvre de Dercy ne suit que d'assez loin l'épisode correspondant de *Gil Blas*; quatre des personnages du roman se retrouvent dans l'opéra: Gil Blas, Rolando, le capitaine des brigands, l'héroïne Dona Mencia de Mosquera qui prend le nom de Séraphine, et la vieille servante Léonarde. Dercy invente le personnage principal de Don Alphonse, le mari de Séraphine, et quelques comparses; il transforme les données du célèbre roman sur deux points essentiels: il fait de Rolando le frère de Séraphine; l'un et l'autre s'ignorent et vont se reconnaître au dénouement, d'où un élément romanesque supplémentaire; d'autre part, le mari de Séraphine qu'elle croit mort, n'a pas été tué et réussit à s'introduire dans la caverne, déguisé en mendiant aveugle, pour sauver sa femme, nouvel élément mélodramatique ajouté à l'oeuvre de Lesage.

Ce livret plut dans l'ensemble aux contemporains; il présentait un caractère *moderne* assez remarquable: ce n'étaient plus des princes et des princesses de la mythologie ou de l'histoire que l'on faisait revivre, mais des hommes et des femmes du temps, exposés à de redoutables périls. En outre ce livret amalgamait des éléments hétérogènes: le mélodrame et le tragique y côtoyaient le comique. En effet certains rôles, tel celui de Séraphine, étaient de grands rôles d'opéra, tandis que d'autres, celui de Léonarde principalement, rappelaient le style de l'opéra-comique ou de la comédie mêlée d'ariettes. Avec son action tout à la fois dramatique, violente, et comique, au dénouement heureux et moralisateur, cette piéce hybride aux situations un peu élémentaires, non exempte parfois d'un certain vérisme (cf. la fusillade finale), avait tout pour satisfaire les goûts du public révolutionnaire.

Origine et place de *La Caverne* dans l'oeuvre de Le Sueur

Nous avons vu dans la notice biographique précédente que le jeune Le Sueur, maître de chapelle à Notre-Dame de Paris en 1786, s'était initié à la même époque, sous la direction de Sacchini, au travail de compositeur d'opéra en mettant en musique le livret d'un *Télémaque* qu'il ne put faire jouer au grand Opéra de Paris à la veille de la Révolution. Réduit au silence en tant que compositeur de musique religieuse à partir de 1790, Le Sueur, dans sa retraite studieuse de Sucy-sur-Marne, près de Paris, entreprit alors la composition d'un nouvel opéra, précisément *La Caverne*. Nous n'avons malheureusement à peu près aucun document sur ces années 1788-1792 durant lesquelles il élabora cette oeuvre nouvelle avant de reparaître brutalement au centre de l'activité musicale parisienne au début de 1793.

Pour bien comprendre toute la nouveauté qu'apportait la partition de *La Caverne* en 1793, il n'est pas inutile de rappeler la situation où se trouvait la scène de l'opéra français à cette époque.

D'un côté la vogue toujours bien établie de l'opéra-comique et de la comédie mêlée d'ariettes, dont Grétry est alors le représentant le plus apprécié. Avec son action simple et touchante, à la limite parfois de la sentimentalité, sa musique facile, mais souvent pleine de charme, le genre, qui entremêle traditionnellement le dialogue parlé aux airs et aux ensembles, restera de mode durant toute la période révolutionnaire.

De l'autre côté le grand opéra qui, en cette fin de siècle, donne des signes évidents de fatigue. La tragédie lyrique française a produit ses chefs-d'oeuvre avec Rameau et Gluck. Après Gluck, qui est le grand modèle pour les compositeurs d'opéra en France dans les deux dernières décennies du 18e siècle, le genre a été illustré surtout par des étrangers séjournant à Paris et composant sur des livrets français: Piccinni, Sacchini, Salieri. Une certaine lassitude se fait jour à l'égard de la pompe de sujets mythologiques, surannés, de dénouements avec Dieux de l'Olympe empanachés descendant des cintres, de la froideur de sujets antiques que bien peu de compositeurs parviennent à animer réellement. Des formules musicales stéréotypées, non exemptes parfois, certes, de grandeur et de noblesse, mais qui ne touchent plus le public, des intermèdes dansés trop fréquents qui lassent son attention, bref, la tragédie lyrique est un genre qui alors agonise lentement.

C'est dire toute la nouveauté d'une partition telle que celle de *La Caverne* en 1793. Elle n'entre dans aucune des catégories traditionnellement reconnues à l'époque; d'un seul coup Le Sueur opérait une rupture brutale avec tout ce qui se pratiquait alors. Sur le plan purement dramatique d'abord, le mélange des grandes scènes d'opéra, d'airs bouffes et de dialogues parlés obligatoires au Théâtre Feydeau (ils remplacent le récitatif) était nouveau; mais ce n'était pas la seule originalité de cette partition. Le langage musical de Le Sueur lui aussi était neuf: des mélodies heurtées, des enchaînements insolites, des modulations cahotiques, mais très expressives, des équivoques fréquentes dans le traitement des tonalités (notamment parfois une tendance à prolonger l'harmonie de la sixte napolitaine), l'emploi des degrés faibles du ton, des chœurs (toujours des voix d'hommes à trois parties) le plus souvent syllabiques et d'un caractère expressionniste encore inconnu à cette époque, tout, dans cette partition, concourt à donner l'impression du refus systématique des formules imposées par l'école.

L'orchestre de Le Sueur dans *La Caverne* est le suivant:

  quatuor à cordes
  deux flûtes
  hautbois
  deux clarinettes en ut
  deux bassons
  quatre cors
  trompettes (sans trombones)
  timbales

L'emploi que le compositeur fait de cet orchestre est original: dès l'ouverture, il donne une importance toute particulière aux bois (cor, puis basson, clarinette, et hautbois) qui se font entendre d'abord successivement en solo avant de marier ensuite leurs timbres, le tout un peu à la façon d'une symphonie concertante. Les contemporains ont été frappés de cette recherche d'effets de timbres qui n'est pas habituelle dans l'ouverture de l'opéra en cette seconde moitié du 18e siècle.

Une des caractéristiques essentielles également de l'orchestre de Le Sueur (qui parfois d'ailleurs tourne au procédé) est le constant contraste de dynamique au cours d'une même phrase: fortissimi et pianissimi se succèdent continuellement, très souvent à l'intérieur d'une même mesure; ce procédé est particulièrement sensible dans l'écriture des cordes: souvent chacun des quatre temps de la mesure comporte alternativement la nuance *pp* et la nuance *ff*. De même Le Sueur affectionne particulièrement dans l'écriture des cordes la succession des staccato et sforzando qui contribue à donner à sa phrase un caractère nerveux et heurté (cf. par exemple l'air de Séraphine, p. 286, *Je suivrai tes pas*).

La mélodie de Le Sueur, qu'elle soit orchestrale ou vocale, est beaucoup plus souvent frémissante que suave, plus souvent haletante que sereine. Dans *La Caverne* il renonce au charme de la cantilène, à la recherche d'une phrase expressive de beau chant.

Certes, certains critiques contemporains, notamment celui de l'*Allgemeine musikalische Zeitung* (9 septembre 1812) pourront bien écrire que cet opéra "fourmille de duretés, de fautes contre l'harmonie correcte, de mauvais enchaînements et de mauvaises résolutions" et que "seul, quiconque assimile bruit à puissance, tapage à grandeur, et bizarrerie à originalité peut supporter sans fatigue ces gémissements et cette fureur continuelle de toutes les voix," il n'en reste pas moins que les prétendues fautes qui émaillent la partition de *La Caverne* constituent, aujourd'hui, avec le recul du temps, sa principale originalité.

Aucun compositeur n'a encore jusqu'à ce jour pris autant de liberté avec la règle que Le Sueur: il est le premier à secouer allègrement le joug de l'autorité et de la tradition. Refusant l'académisme qui sévit alors chez les compositeurs d'opéra en France, il écrit comme il a envie d'écrire, insoucieux de savoir si cela est correct ou non. C'est le seul moyen pour lui d'exprimer de façon valable sa personnalité. Son *irrégularité* constitue sa force et l'intérêt majeur de *La Caverne* est d'être, pour l'époque, une partition *moderne* qui tourne résolument le dos à son siècle.

Certes, rien ne serait plus faux que de voir dans *La Caverne* un opéra romantique avant l'heure; s'il existe dans les opéras de Le Sueur des caractères pré-romantiques, c'est dans *Ossian* et dans *La Mort d'A-dam* qu'il faudra les chercher. Dans *La Caverne* au contraire le sujet, la musique elle-même, ont par moments un caractère *réaliste* très prononcé; l'art de Le Sueur y est volontairement violent et agressif; la fadeur et la mièvrerie, sinon malheureusement toujours la banalité, sont absentes de cette partition et l'on comprend que le public contemporain, quitte à revenir plus tard sur son impression première, ait été enthousiasmé par la fougue de cet opéra où brillaient déjà, souvent encore indistinctes, les premières lueurs d'un langage nouveau.

La première représentation eut lieu à Paris au Théâtre Feydeau le 16 février 1793 (voir figs. 1, 2, et 3, p. xii, xiv, et xvi). Nous savons par la presse du temps que Cherubini eut "la complaisance de diriger les répétitions de cet ouvrage" et, le jour de la représentation, voyant que Le Sueur était trop agité pour pouvoir conduire lui-même son opéra, "il s'est saisi du bâton de mesure et s'est placé dans le trou du souffleur."

À la création, la distribution était la suivante:

Séraphine:	Mme Scio
Léonarde:	Mlle Verteuil
Alphonse:	Gaveaux
Rolando:	Chateaufort (en remplacement du célèbre Martin, initialement prévu, mais malade ce soir-là).

Dès le premier soir, le succès fut grand, la presse étant à peu près unanime à chanter les louanges du compositeur débutant. La disparition des archives du Théâtre Feydeau ne permet pas d'établir exactement le nombre des représentations de 1793 à la fin du siècle, mais il ne paraît pas excessif d'avancer le chiffre—tout à fait exceptionnel à l'époque—de deux ou trois cents. Berlioz affirme que cet opéra "fut joué plus de cent fois en quinze mois." Des reprises eurent lieu encore au début du 19e siècle: novembre 1801, février 1805; sous la Restauration, Le Sueur entreprit de modifier sa partition en vue de représentations au grand Opéra de Paris (1816), puis à l'Opéra-Comique (1826); aucun de ces projets n'aboutit en fait.

La Caverne est le seul opéra de Le Sueur qui ait jamais connu une large diffusion en province et à l'é-tranger. L'absence de dépouillements systématiques des programmes de théâtre interdit de dresser des relevés exhaustifs. Pour l'étranger cependant, signalons:

Liège	1795
Bruxelles	1795
Cologne	1796-1797
Rotterdam	1796-1797
Hambourg	1797
Gand	1798-1799
Brunswick	1804
Saint-Petersbourg	1805
Anvers	1805
Berlin	1807
Moscou	1809 et 1819
Cassel	1812
Stuttgart	1817
Gand	1817
Prague	1819
Verviers	1824
Anvers	1826-1827 et 1838-1839

En juin 1803, à Vienne, *La Caverne* fut jouée presque simultanément par les deux troupes lyriques rivales de la capitale autrichienne dans une traduction différente:

Theater An der Wien, sous le titre *Die Höhle bey Kosire*.
Theater Am Kärnthner Thore, sous le titre *Die Räuberhöhle*.

La dernière représentation actuellement connue de *La Caverne* se situe au Théâtre des Arts de Rouen en 1847.

Depuis, seuls l'ouverture et les choeurs de *La Caverne* furent entendus en concert, à l'occasion de cérémonies en souvenir de Le Sueur (1847 et 1937). Cet opéra n'a jamais connu les honneurs du disque; c'est une lacune regrettable; l'ouverture, la grande scène de Séraphine au début du second acte, et surtout les admirables choeurs devraient figurer en bonne place dans toute anthologie de l'opéra français.

Pour contrebalancer le succès de *La Caverne* au Théâtre Feydeau, l'Opéra-Comique présenta en 1793 un opéra du même titre, paroles du Forgeot, musique de Méhul qui, sur le mode comique, prétendait rivaliser avec l'opéra de Le Sueur. Dans le vaudeville final, le personnage de Gil Blas chantait les couplets

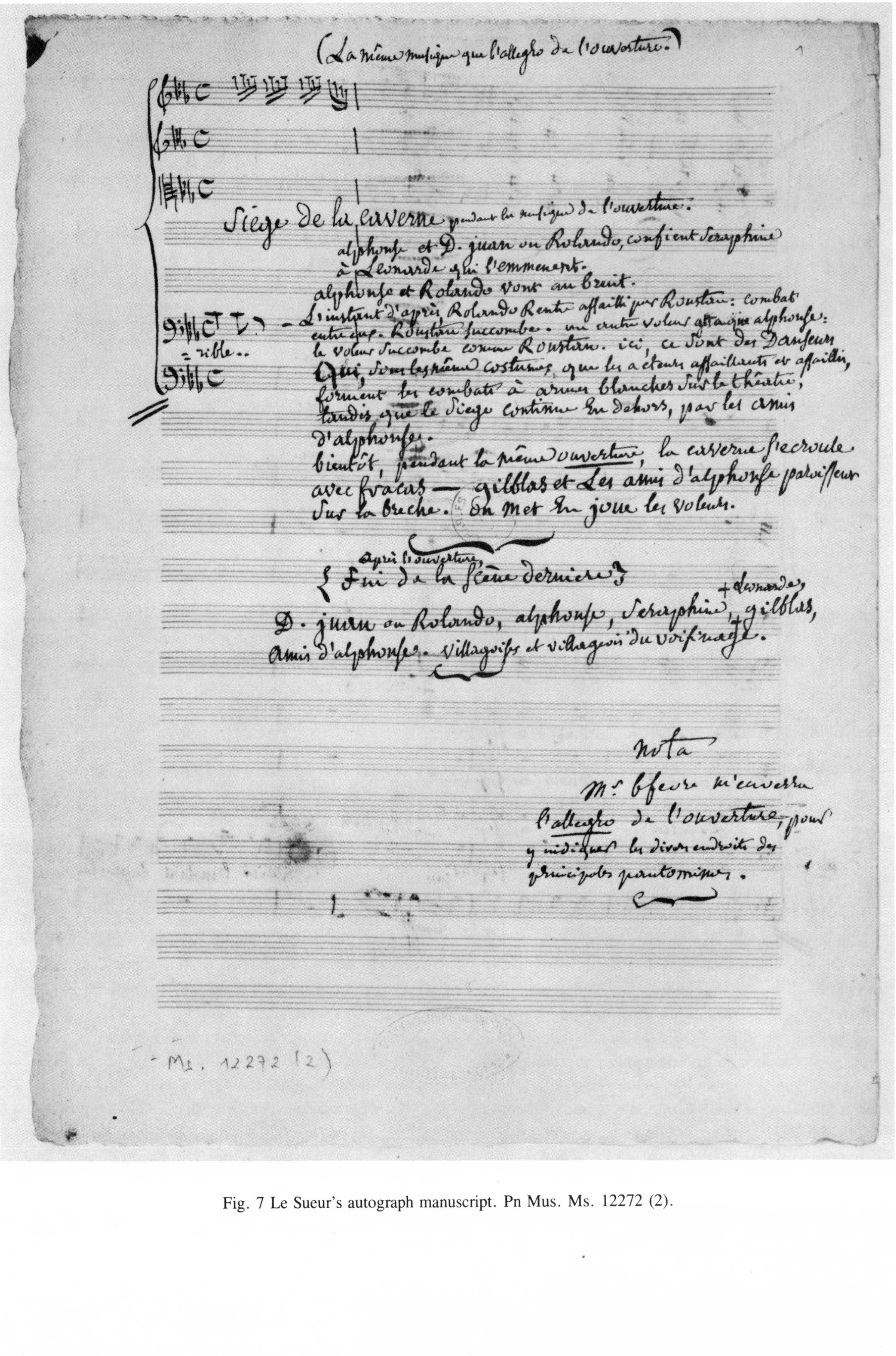

Fig. 7 Le Sueur's autograph manuscript. Pn Mus. Ms. 12272 (2).

suivants dans les derniers vers desquels on voit poindre une allusion aux idées républicaines de 1793:

> Sur la scène avec avantage
> Un Gil Blas déjà s'est montré.
> Moi, comme lui, fils de Lesage,
> Un peu plus tard j'y suis entré.

> Il a cueilli l'héritage (sic):
> Sera-t-il le seul fortuné?
> Je respecte fort mon aîné,
> Mais je réclame le partage.

> Messieurs, ne me refusez pas:
> Tout doit être égal ici-bas!

Iconographie

Le décor unique de *La Caverne* nous est connu grâce au frontispice de la partition d'orchestre gravée chez Naderman (voir p. xlix). Ce décor présente la grande originalité de diviser la scène en deux parties dans le sens de la hauteur (comme on le trouvera au dernier acte de l'*Aïda* de Verdi); la partie supérieure représente une forêt, la partie inférieure l'intérieur de la caverne des brigands.

D'autre part le succès de la pièce entraîna sans doute la publication d'une série de gravures en couleur, dessinées et gravées par L. Rousseau, représentant les principaux personnages de *La Caverne*. À ce jour, nous n'avons retrouvé que deux d'entre elles: l'une représente le chanteur Juliet dans le rôle de l'un des brigands (voir fig. 4, p. xx; gravure publiée aussi dans Jean Mongrédien, *Jean-François Le Sueur, contribution à l'étude d'un demi-siècle de musique française*, Bern, 1980, p. 262); l'autre nous restitue la silhouette de Mme Hedou-Verteuil dans le rôle de la servante Léonarde (voir fig. 5, p. xxiv).

Sources

Partitions

(voir ci-dessus, p. xviii-xix)

Livrets

(voir ci-dessus, p. xix-xxi)

Choix des fac-similés

Le choix, pour la reproduction, de la partition gravée par Naderman, était la seule possibilité puisqu'il n'y eut jamais, ni du vivant de l'auteur, ni après sa mort, d'autre édition.

Le livret choisi (unique exemplaire conservé) est le seul actuellement connu qui ait été publié dès les premières années du triomphe de *La Caverne* à la fin du 18e siècle; tous les autres ont été publiés postérieurement et à l'étranger.

Les Personnages et l'intrigue

Résumé de l'intrigue

Acte I

L'action se situe en Espagne au 18e siècle. La scène est divisée en deux parties dans le sens de la hauteur; le décor représente, dans sa partie inférieure, une caverne souterraine creusée dans le roc, dans sa partie supérieure, une forêt.

Au lever du rideau, trois personnages sont en scène: Séraphine, noble Espagnole que les brigands viennent d'amener prisonnièere après avoir tué son mari, Léonarde, vieille servante des brigands, et Gil Blas, prisonnier lui aussi depuis six mois.

Séraphine se désèspère de sa situation, tandis que ses deux compagnons d'infortune essaient de la consoler (scène 1). Gil Blas lui annonce que son intention est de l'aider à s'échapper et de fuir en même temps qu'elle. Il se révèle alors être un ancien domestique du propre père de Séraphine (scène 2).

En attendant le retour des brigands, Léonarde chante une ariette, *Le pauvre temps* (scène 3); bientôt on entend au dehors le choeur des brigands qui rentrent victorieux après un coup de main (scène 4); ils envahissent peu à peu la scène. Leur capitaine, Rolando, fait des avances à Séraphine que celle-ci repousse avec horreur (scène 6). Gil Blas part alors à l'extérieur avec quelques brigands, en fait avec l'intention cachée d'aller chercher du secours pour libérer les prisonniers.

Le mari de Séraphine, Alphonse, qui en réalité n'a pas été tué, apparaît dans la forêt (partie supérieure du décor); il chante un chant plaintif; les brigands sortent pour le capturer (final).

Acte II

Séraphine, seule en scène, clame sa détresse (scène 1); les voleurs reviennent, introduisant un vieillard qu'ils viennent de faire prisonnier et qui n'est autre qu'Alphonse déguisé (scène 2). Il chante de nouveau sa plainte et les deux époux se reconnaissent alors (scène 3); pour détourner l'attention, la vieille Léonarde chante une chanson légère (scène 7). Un des voleurs, Roustan, tente, par surprise, de s'emparer de Séraphine; Rolando intervient pour défendre la jeune femme.

Acte III

Les brigands complotent contre leur chef Rolando (scènes 1 et 2); Léonarde l'avertit de ce complot. Bientôt celui-ci se laisse envahir par le repentir et il évoque sa jeunesse heureuse et pure (scène 4). Il annonce aux deux époux son intention de les aider à s'évader (scène 6) et fait connaître alors sa véritable identité: fils d'une grande famille, il s'appelle en réalité Don Juan et se découvre être. . .le propre frère de Séraphine. Les voleurs, qui étaient partis en expédition, rentrent à ce moment (scène 9). Don Juan, les deux époux, et Léonarde s'opposent à eux. La caverne s'effondre alors sous l'effet des coups d'un groupe d'assaillants venus de l'extérieur: en réalité c'est Gil Blas qui revient avec une troupe armée (scènes 10 et 11). Les brigands qui sont pris des deux côtés à la fois, sont finalement massacrés (scène 12). Gil Blas se joint à ses maîtres et à ses amis pour chanter le choeur d'allégresse final (final).

Tessiture des rôles

(voir ci-dessus, p. xxii)

Bibliographie

(voir ci-dessus, p. xxiii)

Toute la presse de la fin du 18e siècle a beaucoup parlé de *La Caverne*; pour une bibliographie détaillée, cf. Jean Mongrédien, *loc. cit.*, 273-307.

THE LIBRETTO

in facsimile

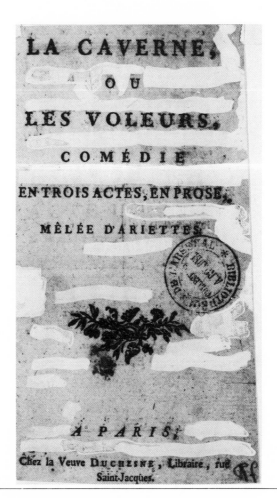

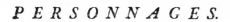

PERSONNAGES.

DON JUAN, *sous le nom de* ROLANDO, *Capitaine des Voleurs.*

DON ALPHONSE, *époux de Séraphine.*

GILBLAS, *Ecuyer de Don Alphonse.*

ROUSTAN, *Lieutenant des Voleurs.*

BERTRAND,
BERNARD,
CHARLES, } *Voleurs.*
SCAPEL,
HENRI,

PLUSIEURS AUTRES VOLEURS.

PLUSIEURS AMIS D'ALPHONSE.

DONA SÉRAPHINE, *Comtesse de Gusman, femme d'Alphonse.*

LÉONARDE, *servante des Voleurs.*

La Scène est dans une Caverne, au milieu d'une forêt, en Espagne.

LA CAVERNE,
OU
LES VOLEURS,
COMÉDIE.

ACTE PREMIER.

Le Théatre représente une Caverne taillée dans le roc ; elle est éclairée par une lampe : on voit à droite et à gauche deux allées souterraines, dont l'une va en descendant. Au lever du rideau, Séraphine, abimée de douleur, est assise auprès d'une table, sa tête entre ses mains ; Léonarde assise de l'autre côté, travaille ; Gilblas se promène d'un air pensif, et regarde de tems en tems Séraphine avec attendrissement.

SCÈNE PREMIÈRE.

SÉRAPHINE, GILBLAS, LEONARDE
TRIO.

GILBLAS.

Quel sort !

LEONARDE.
Que je la plains !

GILBLAS.

Son désespoir redouble ;
J'entends ses soupirs , ses sanglots ,
Chaqu'instant augmente son trouble.

LEONARDE et GILBLAS.

Non , il n'est point de remède à ses maux.

SERAPHINE.

Dernier espoir des misérables,
O mort ! frappe-moi de tes coups ;
Tu m'as ravi le plus cher des époux ,
Unis , au moins , nos destins déplorables.

LEONARDE.

Consolez-vous , ma belle enfant ,
Vos pleurs ne pourront vous le rendre.

SERAPHINE.

Ciel ! prends pitié de mon tourment ;
Contre ces scélérats qui pourra me défendre ?
Ah ! qu'ils prennent ma vie , et me laissent l'honneur

GILBLAS.

Mon cœur partage son tourment ,
Contre ces scélérats ne puis-je la défendre ;
Sauvons-lui, s'il se peut , et la vie et l'honneur.

LEONARDE.

Mon cœur partage son tourment ,
Je sens couler mes pleurs et ne puis m'en défendre ;
Je voudrais , s'il se peut , adoucir son malheur.

GILBLAS.

Pour l'arracher à leur fureur ,
O ciel ! inspire-moi le parti qu'il faut prendre.

SERAPHINE et GILBLAS.

De mon }
　　　　} époux , barbares , assassins ,
De son }
N'espérez pas achever votre crime ,
Je vous saurai ravir votre victime ;
Avec ce fer mon sort est dans vos mains.

LEONARDE.

Rien ne peut-il adoucir vos chagrins ?
Votre douleur sans doute est légitime ;
Mais faut-il donc en être la victime ?
Le ciel un jour peut changer vos destins.

LEONARDE.

M'en croirez-vous , madame , cédez à votre sort ; le
Capitaine vous aime : unissez-vous à lui , les autres vous

---

respecteront , et vous n'aurez plus rien à craindre de leur
audace ; c'est un homme bien né et qui a eu l'éducation
d'un Prince : on dit même —　mais il se tait là-dessus,
il en a l'air au moins. Bon , généreux et brave comme
un César ; allez , allez , madame , on peut faire un plus
mauvais choix.

GILBLAS.

Eh ! Léonarde , cessez de grâce , vous ajoutez à ses
peines.

LEONARDE.

Mais , mon cher monsieur Gilblas , vous me paraissez
prendre bien de l'intérêt à cette belle Dame ; vous voulez
avoir un prétexte pour ne pas aller en course avec ces
Messieurs , et pour rester seul ici. Oh ! l'on ne m'abuse
pas facilement.

GILBLAS, *à part.*

Elle ne m'a que trop bien pénétré ; mais elle n'imagine guère le motif qui me fait agir.

LEONARDE.

Au surplus , tout cela ne me regarde pas , et je me
tairai là-dessus , parce que vous m'intéressez ici plus
qu'aucun autre ; vous êtes doux , honnête , j'aime cela :
mais les autres , excepté le Capitaine cependant , oh !
les vilaines gens ! mais voici l'heure où ils vont bientôt
arriver , et je n'ai encore rien préparé. Ne perdons point
de tems : diable ! ce serait un beau train si rien n'était
prêt. Je vous laisse un moment , jeune homme ; soyez
sage au moins.

GILBLAS.

Allez , ne craignez rien , je sais respecter le malheur
et sur-tout la vertu.

(*Léonarde sort.*)

SCÈNE II.

SERAPHINE, GILBBLAS.

GILBLAS.

MADAME, ne vous offensez pas de ma témérité ,
mais les instans sont précieux , il faut...

SERAPHINE.

Quels que soient tes projets , retire-toi , téméraire , ne
m'approche pas.

GILBLAS.

Ah ! jugez mieux , Madame , du motif qui me guide ,
ne me confondez pas avec les brigands qui vous tiennent
captive en cet horrible lieu , où je suis moi-même arrêté
depuis six mois ; et c'est pour échapper au premier moment à leur vigilance , que je me rends complice de leurs
forfaits : si le ciel pouvait seconder mes désirs , ne voyez
en moi qu'un libérateur.

SERAPHINE.

Qu'entends-je ? Quoi ! le ciel pourrait vous inspirer ?
Quoi ! vous pourriez... (*se jetant à ses genoux.*) Ah !
qui que vous soyez , j'embrasse vos genoux , sauvez-moi
la vie , sauvez-moi l'honneur.

GILBLAS.

Vos dangers et vos larmes enflamment mon courage ,
comptez...

SERAPHINE.

Si vous pouvez me rendre à mes parens , espérez tout
du Comte d'Alvar de Gusmand , mon père,

GILBLAS.

Qu'ai-je entendu ? vous la fille du Comte d'Alvar ? vous
seriez cette Séraphine , l'objet de la tendresse du généreux
Alphonse de Leiva ?

SERAPHINE.

Oui , je suis cette infortunée Séraphine. L'hymen venait de m'unir au plus aimable , au plus chéri des hommes.

GILBLAS.

Se pourrait-il ? ce serait lui que ces scélérats ont massacré.

SERAPHINE.

Hélas ! lui-même. Ils m'ont après traînée mourante
dans cette horrible Caverne , où depuis quatre jours ma
vie et mon honneur sont à toute heure exposés.

GILBLAS.

Que viens-je d'entendre ? ô mon malheureux maître !

SERAPHINE.

Que dites-vous , votre maître ?

GILBLAS.

Oui , Madame , vous voyez Gilblas , depuis long-tems
attaché au comte de Leiva son père ; il n'est pas que
vous n'ayez quelquefois entendu parler de moi.

SERAPHINE.

Qui ? vous , Gilblas ? Ah ! quel espoir s'empare de mon
âme ?

GILBLAS.

Peut-être , Madame , mon malheur lui aura-t-il fait
soupçonner ma fidélité.

SERAPHINE.

Non , ne le croyez pas ; elle ne lui fut jamais suspecte ;
il a présumé une partie des événemens dont je vois ici
la réalité. Pauvre Gilblas ! vous avez perdu votre malheureux maître , prenez pitié de sa veuve infortunée ;
arrachez-moi à mes périls affreux : sortons d'ici à l'instant
même.

GILBLAS.

Eh ! que n'est-il possible ? Hélas ! Madame , lorsque
ces brigands vont en course , ils ferment l'entrée de cette
Caverne de manière que les plus grands efforts ne
pourraient parvenir à l'ouvrir.

AIR.

Mais ne doutez point de mon zèle ,
Ma vie et mon sang sont à vous ;
Oui , Gilblas vous sera fidèle ,
Comme il le fut à votre époux.

Ne perdez pas toute espérance :
Ah ! dût-il m'en coûter le jour,
J'emploirai tout , force et prudence ,
Pour vous ravir de ce séjour.

GILBLAS.

Rappelez votre courage , Madame , n'appréhendez
rien de ces scélérats : leur Capitaine , à qui vous avez
inspiré la plus vive passion , saura les contenir. Luimême paraît vous respecter. C'est un homme bien né ,
mais que les débauches et les folles erreurs ont jeté dans
l'abîme où il est. Cependant on apperçoit souvent entr'eux ,
cet air sombre et mélancolique qui décèle le repentir. Je
l'ai quelquefois surpris les yeux mouillés de larmes. Je me
trompe où les remords l'agitent ; ne croyez pas qu'il
veuille rien obtenir de vous par la violence. Mais j'espère , si je puis aujourd'hui sortir avec ces brigands ,
exécuter le dessein que j'ai depuis long-tems formé de
leur échapper. En examinant tous les recoins de cette
Caverne , j'ai découvert un endroit qui en était autre-

fois la principale embouchure : c'est par-là , tandis que ces brigands seront en course , que je compte , aidé de mes amis , vous arracher de cet horrible repaire. Mais cette vieille revient , rassurez-vous , Madame , et comptez sur les efforts de mon zèle.

SCÈNE III.

LES MÊMES, LEONARDE.

LEONARDE.

Qu'ils arrivent quand ils voudront , tout est disposé. (*A Séraphine.*) Je vous trouve un peu consolée ; allons , allons , mon enfant , du courage , ne vous laissez point abattre ; la douleur n'est bonne à rien : notre Capitaine , vous dis-je , vaut bien peut-être celui que vous regrettez tant.

GILBLAS.

Eh ! Léonarde , laissez Madame , et ne l'accablez pas.

LEONARDE.

Ce n'est point mon dessein ; je voudrais au contraire la consoler , je voudrais adoucir ses peines ; vous ne me jugez pas bien , j'ai toujours eu le cœur bon : c'est un trait ineffaçable , et la beauté se passe. J'ai été jolie autrefois , voyez ce qui m'en reste. Chacun à son tems ; le mien est passé : quelle différence avec celui d'aujourd'hui !

AIR.

Le pauvre tems ! hélas ! dans mon jeune âge ,
Il m'en souvient , tout allait autrement ,
C'était l'amour et son plus doux langage.
Ah ! qu'aujourd'hui le monde est différent !
Le pauvre tems que celui d'à présent.

On m'abordait toujours avec tendresse ,
Et pour me plaire on s'empressait toujours ;
On admirait mon air , ma gentillesse ,
On me flattait par cent jolis discours :
Ah ! l'heureux tems que celui des amours.

Eh quoi ! se voir aujourd'hui sans conquête ?
N'entendre ni soupir , ni serment ?
Pas un bouquet le jour de ma fête ?
Ah ! que Bastien le plaçait joliment.

SÉRAPHINE.

SERAPHINE.

Juste ciel ! leur retour redouble ma terreur. Que vais-je devenir ? Ah ! madame , ne m'abandonnez pas ; protégez-moi.

LEONARDE.

Ne craignez rien ; rassurez-vous , mon enfant.

SCÈNE IV.

LES MÊMES, UN GRAND NOMBRE DE VOLEURS.

CHŒUR.

La bonne aubaine !
Et quel butin ,
Quel vacarme , quel train !
O quelle mousquetade !
Quelle capilotade :
C'était un tapage d'enfer.
Et notre Capitaine ,
Il a , je crois , des bras de fer.
Oh ! comme il se démène !
Mais aussi quel succès !
Nulle victoire ,
De plus de gloire
Ne nous couvrit jamais.

CHARLES.

Ecoutez , voici le Capitaine.

SCÈNE V.

LES MÊMES, D'AUTRES VOLEURS, ROLANDO. *Il a la moustache épaisse , plusieurs pistolets garnissent sa ceinture , et son sabre est énorme.*

ROLANDO.

Messieurs , vous vous êtes conduits avec courage , mais avec trop de cruauté. Je ne vois pas qu'il soit nécessaire de répandre le sang inutilement. Faisons notre métier avec un peu plus d'humanité : quand

B

on nous oppose de la résistance , et qu'on attaque nos jours , nous devons les garantir par la perte de nos ennemis : mais lorsqu'ils cèdent et qu'ils demandent la vie , il y a de la barbarie , de la bassesse même à la leur ôter.

ROUSTAN.

Ma foi , nous n'entendons rien à toutes ces belles maximes ; et je plains ceux que nous rencontrerons lorsque nous serons les plus forts.

ROLANDO.

C'est fort bien ! Allons , qu'on examine les prises et qu'on les porte au magasin ; que Bernard , Charles et Bertrand partent à l'instant pour Maucilla , et aillent vendre les chevaux qui ont été pris et qui nous sont inutiles.

GILBLAS.

Capitaine , permettez que je les accompagne. Je me sens beaucoup mieux , et je crois que l'air me fera grand bien ; d'ailleurs je veux vous prouver mon zèle , et vous faire voir aussi , par quelqu'action d'éclat , que je ne suis pas indigne de votre estime.

ROLANDO.

Eh bien , va , Gilblas ; ma foi , j'augure bien de toi , et je me persuade , que quand tu seras un peu plus aguerri , tu te distingueras un jour parmi nous.
(*Les voleurs ci-nommés sortent.*)

SCÈNE VI.

LES MÊMES.

SCAPEL, *à Séraphine.*

Allons , allons , la belle affligée , consolez-vous , tenez , il faut pour commencer , que nous nous embrassions.

ROLANDO, *fièrement.*

Tout beau , monsieur , tout beau ! Qu'on la respecte , je vous en prie.

SCAPEL.

Parbleu , Capitaine , est-ce que vous croyez que nous consentirons encor...

ROLANDO, *fièrement.*

Je l'espère : au surplus , j'entends qu'elle soit ici mai-

-tresse absolue de sa volonté ; et le premier qui osera l'insulter , c'est à moi qu'il aura affaire.

LES VOLEURS, *s'en allant.*

Oh ! tout cela commence fort à nous ennuyer.
(*Ils sortent avec Léonarde.*)

SCÈNE VII.

SERAPHINE, ROLANDO.

ROLANDO.

Madame , tant que je respirerai , ne craignez rien de leur audace ; je saurai les contenir.

SERAPHINE.

Eh bien , ne soyez pas généreux à demi ; osez être mon libérateur , méritez toute ma confiance , et comptez sur la récompense que vous obtiendrez de mes parens , si vous avez la générosité de me rendre à eux.

ROLANDO.

Ah ! madame , que me demandez-vous ? est-il un prix comparable à ce que je possède ?

FINALE.

Moi , que de vous je me sépare ?
Plutôt cent fois perdre le jour.
Pardonnez : mon cœur qui s'égare
Ne peut contenir son amour.

SERAPHINE.

Tu m'oses déclarer ta flamme ,
Toi , l'assassin de mon époux ?

ROLANDO.

Ne m'en accusez pas , madame ,
Je n'ai point sur lui porté mes coups.

SERAPHINE.

Cesse de m'outrager par ton ardeur infame.

ROLANDO.

Mon cœur est indigne de vous ,
Oui , je le sais ; moi-même je m'abhorre ;
Dans les remords dont je suis accablé ,
Pour mériter les charmes que j'adore ,
Je sens quel est le prix de la vertu.

SERAPHINE.

Eh bien , cède à sa voix ; que ta main me délivre.

ROLANDO.

Puis-je me résoudre à ce cruel effort ?
Je vous perdrais ! plutôt cesser de vivre.

SERAPHINE.

Ah ! laissez-vous toucher par l'horreur de mon sort.

ROLANDO.

Plus barbare que moi , vous demandez ma mort.
De ma raison je ne suis plus le maître ;
Ayez pitié d'un amour malheureux ;
Changé par vous , je serai vertueux.
Je puis un jour , digne de vous peut-être...

SERAPHINE.

Retire-toi , va , tu me fais horreur.
Quoi ! rien ne peut désarmer ta fureur ?

ROLANDO.

Quoi ! rien ne peut désarmer votre cœur ?
A ces ménagemens qu'est-ce donc qui m'engage ?
Mon cœur humilié cède à son désespoir.

SERAPHINE.

Je lis dans ses regards ses transports et sa rage.
Que vais-je devenir ? si dans son désespoir...

ROLANDO.

Ah ! puisque rien ne peut vous émouvoir.

SERAPHINE.

A ta témérité je saurai me soustraire.

ROLANDO.

Ciel ! arrêtez , qu'allez-vous faire ?
Je suis un monstre furieux.
Ah ! pardonnez , l'amour m'égare ;
Je serais en effet , et féroce et barbare ,
Si j'abusais d'un sort si malheureux.

SERAPHINE.

Arrête , monstre furieux ,
Suspens le transport qui t'égare ;
Si tu n'es pas et féroce et barbare ,
N'abuse point de mon sort malheureux.

UNE VOIX , *au haut de la Caverne.*

Toi , que sans cesse j'appelle ,
Dans ce séjour sauvage ,
Hélas ! ton amant fidèle ,
Te perdra-t-il sans retour ?
Prête à sa voix plaintive
Une oreille attentive ;
C'est celle de l'amour.

ROLANDO.

Quels sons nouveaux ! Que faut-il que j'augure ?

SCÈNE VIII.

LES MÊMES. LES VOLEURS.

LES VOLEURS.

CHŒUR.

On vient d'entendre à l'embouchure ,
Par où l'air ici s'introduit ,
Une voix qui sent l'aventure :
Faut-il aller , à petit bruit ?...

ROLANDO.

Paix , un moment.

LES VOLEURS.

Prêtons l'oreille encore.

LA VOIX.

Chaque jour , avant l'aurore ,
J'accours ici plein d'espoir ,
Je cherche et t'appelle encore ,
Toujours surpris par le soir.
Echo de cette enceinte ,
Repète-lui la plainte
D'un cœur au désespoir.

SERAPHINE.

Quels accens !

LEONARDE.

Quelle voix touchante !

SERAPHINE.

Ah ! que mon cœur est déchiré !

LES VOLEURS.

Cette aventure est surprenante.

TOUS.

C'est quelque malheureux dans le bois égaré.

LA VOIX.

Ah ! si dans ce sombre asile ,
Où l'on m'a pu te ravir ,
Ma recherche est inutile ,
Toujours j'y viendrai gémir.

Errant et misérable ,
Du tourment qui m'accable
On m'y verra mourir.

LES VOLEURS.

Voyons : la chose en vaut la peine ;
D'un autre ton il va chanter :
C'est peut-être une bonne aubaine ,
Amis , il faut en profiter.

ROLANDO.

Messieurs , point trop de confiance.

TOUS.

Nous devons prendre garde à nous :
Songeons qu'une seule imprudence ,
Peut , quelquefois , nous perdre tous.

SERAPHINE.

Ciel ! comment fléchir ton courroux ?
Ne m'ôte point ton assistance ,
Ou joins , par la mort , deux époux.

LÉONARDE.

Allons , venez , rassurez-vous ;
Prenez un peu de patience :
Espérez un destin plus doux.

Fin du premier Acte.

ACTE II.

SCÈNE PREMIÈRE.

SERAPHINE , *seule.*

RÉCITATIF OBLIGÉ.

Quel antre affreux ! dans ce séjour du crime
Quel sort m'attend ? grand Dieu ! je n'espère qu'en toi !
Au coup qui la menace arrache une victime.

Que ton secours puissant me sauve de l'abîme !
Le silence profond qui règne autour de moi ,
Cette lueur pâle et tremblante ,
De mes esprits glacés redoublant l'épouvante ,
Qui me protégera dans ce séjour d'effroi ?

AIR.

Quelle est ma destinée !
Dans le sein du bonheur ,
Depuis que je suis née ,
Je n'avais point du sort éprouvé la rigueur.
D'un père la tendresse extrême ,
Sa douce amitié , l'amour même ,
L'hymen enfin , comblant mes vœux ;
Avaient tissu les nœuds
De ma félicité suprême.
Un coup affreux
Vient de détruire
Le sort heureux
Que j'ai vu luire ;
J'ai tout perdu.
A ces jours pleins de charmes ,
Dans ce séjour d'alarmes ,
Va succéder , dans mon cœur éperdu ,
L'horreur , le désespoir , les larmes.
O cher époux !
La mort barbare ,
Qui nous sépare ,
Est mon désir , mon espoir le plus doux.

SCÈNE II.

SERAPHINE , LEONARDE.

LEONARDE.

Pardonnez-moi , si je vous ai laissée seule quelques momens ; mais les soins où je suis forcée m'y ont obligée.

SERAPHINE.

Ma bonne , quittez-moi le moins que vous pourrez ;
je vous en supplie.

LÉONARDE.

Pauvre cheré dame !

A I R.

Vous m'avez arraché des pleurs ;
Quel triste sort ! et qu'il m'afflige !
Mais il faut du ciel un prodige,
Pour mettre fin à vos malheurs.

Prenez vos maux en patience :
Si je ne puis les soulager,
Vous me verrez, avec constance,
Sans cesse au moins les partager.

SERAPHINE.

Un si tendre sentiment me pénètre Ne m'abandonnez
point : protégez-moi comme votre enfant ; employez tout
votre pouvoir sur l'esprit du Capitaine, pour détourner
de moi ses persécutions.

LEONARDE.

Ah ! comptez sur mon zèle et mon attachement. Vos
jours et votre honneur me seront aussi précieux que si
vous étiez mon enfant même. Vous le serez ; je vous chérirai comme une tendre mère : mon cœur, que le besoin
d'aimer a toujours rempli, retrouve enfin son aliment. Je
vous consacre le reste de ma vie.

SERAPHINE.

Combien vous m'étonnez ! comment se peut-il qu'avec
une âme honnête et sensible, vous habitiez parmi ces
scélérats ?

LEONARDE.

Vous avez dû me juger défavorablement : vous n'avez
pas dû penser que, dans ce séjour horrible, on pût trouver quelqu'étincelle de vertu.

SERAPHINE.

La vôtre y brille encore d'un plus vif éclat.

LEONARDE.

J'entends quelqu'un.

SCÈNE

SCÈNE III.

LES PRÉCÉDENS, ROLANDO, LES
VOLEURS, *introduisant un aveugle vêtu d'une
longue robe, barbe et chevelure blanche. Il a une
vielle sur le dos, un bâton à la main.*

ROLANDO, *le conduisant.*

VIENS, viens, mon ami ; n'appréhende rien. On ne
te veut point de mal... Parici. (*à Séraphine.*) Tenez, madame, voilà un pauvre aveugle que nous avons trouvé. Il
pourra peut-être, avec son chant, apporter quelque soulagement à vos ennuis. (*à l'aveugle qui fait un mouvement.*) Ne crains rien, bon homme ; rassure-toi, et chante à madame quelque belle romance.

L'AVEUGLE, *d'une voix cassée.*

Os écoutez, je vais vous apprendre
D'un amant les cruels malheurs ;
Mais si vous avez le cœur tendre,
Hélas ! pourriez-vous les entendre
Sans leur donner des pleurs :
Un tendre hymen à son amante
Venait d'enchaîner son destin.

SÉRAPHINE, *à part, d'une voix altérée.*

Quels accens ! et quel rapport incroyable !...

SCAPEL.

Bon homme, avez-vous toujours été aveugle ?

L'AVEUGLE.

Hélas! non, mes bons seigneurs.

SCAPEL.

Et depuis quand l'êtes-vous ?

L'AVEUGLE.

Depuis que j'ai perdu une épouse que j'adorais, j'ai
tant pleuré, tant pleuré.

LEONARDE.

Le pauvre malheureux !

L'AVEUGLE.

A I R.

Oui, plaignez mon malheur extrême ;
On m'a ravi l'objet de mon amour.

C

Quand on ne voit plus ce qu'on aime,
Peut-on aimer la lumière du jour ?
De la nature, incomparable ouvrage,
Ses doux regards étaient pour moi les cieux.
La fleur qui pare le bocage,
Près d'elle était sans éclat à mes yeux.

On m'a ravi ce bien suprême,
L'unique objet de mon amour ;
Ce n'est qu'en voyant ce qu'on aime
Qu'on peut aimer la lumière du jour.

SÉRAPHINE, *à part, sur le devant.*

Je n'en saurais douter, c'est lui, il vit. Ah ! comment
renfermer le transport de mon âme ? O ciel ! c'est fait de
lui, s'il est reconnu.

ROLANDO.

Madame, qu'avez-vous donc ? vos traits plus altérés...

SERAPHINE.

Je ne puis supporter l'aspect de c'est infortuné ; son
sort ajoute à l'horreur du mien : ses chants, les accens
de sa voix, loin d'adoucir mes maux, ont déchiré mon
cœur. Ah ! seigneur, si mes peines vous touchent, faites-
le sortir à l'instant même.

ROUSTAN, *du ton le plus dur.*

Oh que non, que non ! lorsqu'une fois on est entré
ici, c'est pour toujours : on n'en sort plus ; et quand les
gens nous lassent ou nous embarrassent, nous savons de
quelle façon nous en défaire.

(*Rolando exprime son indignation.*)

SÉRAPHINE, *à part.*

Ah ! malheureuse, quelle destinée te menace.

LÉONARDE.

Barbare, pouvez-vous présenter à ses yeux un avenir
si funeste ?

ROLANDO.

Madame, revenez à vous, rassurez votre cœur, vous
n'aurez jamais rien à craindre, et puisque le sort de ce
bon homme vous intéresse, je le prends sous ma protection. Ordonnez, commandez en ces lieux, vous seule y
donnerez des lois ; puisse mon empressement à prévenir
vos désirs, vous en faire trouver le séjour supportable :
Léonarde, prenez soin d'elle, engagez-la à prendre quelque soutien.

LÉONARDE.

Ah ! comptez sur mon empressement et sur mon zèle,
je cours vîte lui préparer quelque chose.

SCÈNE IV.

LES MÊMES, *hors Léonarde.*

ROLANDO, *à Séraphine.*

MADAME, prenez, s'il se peut, quelque repos.

SCAPEL.

Oui, oui, il faut la laisser tranquille ; elle en a besoin.

ROUSTAN.

Mais, le mal de ce bon homme n'est peut-être pas
sans remède. Scapel, toi, qui es chirurgien, regarde un
peu ses yeux.

SCAPEL.

Tu as raison ; je vais voir çà.

L'AVEUGLE.

Quelqu'habile que vous soyez, votre science ne peut
m'être d'aucun secours.

SCAPEL.

Voyons, voyons toujours.

SÉRAPHINE, *avec effroi.*

Ne le tourmentez pas ; vous allez peut-être lui faire
beaucoup de mal.

SCAPEL.

Oh que non, que non.

SCÈNE V.

LES MÊMES, CHARLES, AUTRES
VOLEURS.

CHARLES.

CAPITAINE, nous arrivons de Maucilla, nous y

---

avons vendu les chevaux ; mais apprenez un événement qui peut avoir des suites. Gilblas s'est échappé malgré notre vigilance à l'observer.

L'AVEUGLE, *à part.*

Gilblas ?

ROLANDO.

Se pourrait-il ? (*Il tire un coup de pistolet ; au bruit, tous les autres voleurs arrivent.*) Mes amis, nous sommes en danger, Gilblas s'est échappé, il y va de notre sûreté ; venez tous dans ma chambre, il est bon de tenir conseil sur cela. (*Il sort, tous les voleurs le suivent.*)

SCÈNE VI.

SERAPHINE, ALPHONSE.

SERAPHINE, *lui tendant les bras.*

DUO.

Alphonse !

ALPHONSE.

Séraphine,
Ah ! se peut-il ? quel jour !
Je te revois, quel Dieu te rend à mon amour ?

SERAPHINE.

Est-ce toi, cher époux ? n'es-tu point un prestige ?
Le ciel en ma faveur a-t-il fait un prodige ?
J'en dois croire mes yeux : je douterais en vain.

ALPHONSE.

Mon bonheur est certain.

SERAPHINE.

Presse-moi sur ton sein.

ALPHONSE.

Ma chère Séraphine !

SERAPHINE.

Ah ! quelle horreur me glace.
Ciel ! je frémis du sort qui te menace.

ALPHONSE.

Je sais braver le sort qui me menace.

SERAPHINE.

Quel vain espoir te conduit en ces lieux,
Enflamme ton courage ?

ALPHONSE.

Ah ! je viens t'arracher de ce repaire affreux.
Oui, crois-en mon amour, le transport qui me guide,
Rien ne peut arrêter mon ardeur intrépide,
Et je viens te sauver ou mourir à tes yeux.

SERAPHINE.

Où t'entraîne l'amour, le transport qui te guide ?
Fallait-il écouter ton ardeur intrépide ?
Quel sort si on t'allait massacrer à mes yeux !
Qu'as-tu fait, malheureux ?

ALPHONSE.

Dieu ! permets aujourd'hui que mon bras la délivre ;
Aux transports d'un époux daigne accorder ce prix.

SERAPHINE.

Ne crois pas que je veuille aujourd'hui te survivre,
Et s'il faut qu'au trépas à mes yeux on te livre,
Que par les mêmes coups nos destins soient unis.
Non, sans toi je ne puis vivre.

ALPHONSE.

Dieu ! permets que je la délivre,
Aux vœux d'un tendre époux daigne accorder ce prix.

SERAPHINE.

Que par les mêmes coups nos destins soient unis,
Non, sans toi je ne puis vivre.

Ensemble.

O ciel ! accorde, etc.

SERAPHINE.

Cher Alphonse, par quel bonheur as-tu donc échappé ?

ALPHONSE.

Plus étourdi des coups que j'ai reçu, que dangereusement blessé, ces brigands m'ont cru mort, et m'ont laissé sur la place. Le sentiment m'est revenu au bout de quelques heures, et ne voyant autour de moi que mes gens massacrés, je n'ai point douté que ces voleurs ne t'eussent emmené avec leur butin : je me suis traîné jusqu'au plus prochain village, j'y ai raconté ma funeste aventure ; j'ai su que ces scélérats avaient leur retraite dans cette forêt : je suis venu voir, à la faveur de ce déguisement, si je ne pourrais pas m'y introduire, et dussé-je périr, t'arracher de leurs mains.

SERAPHINE.

O mon ami ! quel sort nous menace ! sache, pour comble de misère, que le chef de ces brigands est épris pour

moi de la plus violente passion. Mais tout sentiment d'honneur n'est point anéanti dans l'âme de ce Capitaine : les principes d'une noble éducation le ramènent souvent à la vertu, et l'on peut tout attendre de ses remords. Mais enfin quel est ton espoir dans un péril si grand ?

ALPHONSE.

Je mets ma confiance dans le courage de quelques amis. Ils doivent attaquer cette Caverne au milieu de la nuit ; ils en reconnaîtront l'entrée : l'un d'eux, bien caché, nous observait lorsque ces voleurs m'y ont introduit. Je tâcherai, au moment où ils attaqueront cet odieux repaire, de les seconder le mieux que je pourrai. Mais quel est ce Gilblas !

SERAPHINE.

Ton ancien serviteur, que ces brigands ont aussi dépouillé, et retiennent depuis six mois. C'est, je n'en doute pas, pour entreprendre ma délivrance, qu'il s'est échappé : mais un si faible espoir peut-il calmer mes craintes ?

ALPHONSE.

Le ciel nous protégera, mettons en lui notre confiance ; nous auroit-il rejoins pour nous séparer impitoyablement ? O ma chère Séraphine ! espérons tout de lui.

SERAPHINE, *l'embrassant.*

O mon ami ! mon unique bien !

SCÈNE VII.

SERAPHINE, ALPHONSE, LEONARDE.

LEONARDE, *apportant une tasse qu'elle pose en entrant sur la table.*

Tenez, ma chère dame, prenez cela, (*Les surprenant.*) Tudieu ! monsieur l'aveugle ! eh bien, quand on n'y voit pas, il faut aller à tâtons.

SERAPHINE.

Ah ! madame Léonarde, vous m'avez témoigné un intérêt si tendre ; vous m'inspirez trop de confiance pour que je vous fasse un mystère de ce qui se passe ici. Vous voyez mon époux échappé à la mort.

LEONARDE.

Se peut-il ? (*A Alphonse.*) Ah ! seigneur, à quoi vous exposez-vous ? vous êtes perdu ; oui, perdu sans ressource si l'on vient à vous découvrir. Comptez du moins sur ma fidélité, sur mon zèle. Oui, je vous servirai de tout mon pouvoir, et je vous sacrifie mes jours, s'il le faut ; mais on vient, tenons-nous sur nos gardes. (*regardant le fond.*) C'est une partie de ces scélérats ; ils ont l'air de comploter, il faut rompre leur projet. Vous, seigneur, n'ayez pas l'air de l'intérêt dans tout ceci ; mais tâchez, à la faveur de votre infirmité, de les embarrasser le plus que vous pourrez ; je ne dois pas non plus avoir l'air chagrine. Allons, reprenez votre instrument, faites danser, faites chanter la vieille Léonarde.

(*On voit les voleurs dans le fond pendant que Léonarde chante, et qu'Alphonse l'accompagne d'une manière grotesque.*)

AIR.

Il y a cinquante ans et plus
Que je n'ai joué de l'épinette,
Mes doux plaisirs sont perdus.
Heureux tems que je regrette ;
Non, je n'ai plus d'amourette,
Mes doux plaisirs sont superflus.
Plaignez, plaignez la pauvrette,
Hélas ! je n'en jouirai plus.

J'en touchais si joliment,
Dit-on, lorsque j'étais jeunette,
Chacun, de son instrument,
M'accompagnait sur l'herbette.
Heureux tems, etc.

(*Les voleurs s'avançant doucement.*)

ROUSTAN.

L'instant est favorable.

SCAPEL.

Allons-y d'abord doucement, ne les effarouchons pas.

SERAPHINE.

Je suis toute tremblante, leur aspect me remplit d'effroi.

LEONARDE.

Si quelque joli garçon,
Veut, touché de ma disette,

Me remettre à l'unisson ,
Je lui ferai la courbette.
Heureux tems , etc.

LÉONARDE.

Mais , je crois entendre nos gens ; oui , l'on ouvre la
trappe du souterrain ; ce sont eux-mêmes.

SCAPEL.

Diable , la vieille Léonarde , comme un instrument vous
met en train.

LÉONARDE.

Que venez-vous flairer ici ? vous n'y avez que faire.

SCAPEL.

Je viens pour danser , et nous danserons ensemble. Le
papa va nous jouer un rigaudon , et la belle en sera. (*Il
va pour passer du côté de Séraphine , Alphonse l'embarrasse , il tombe.*) Chien d'aveugle ! est-ce que tu n'y
voyois pas !

(*D'autres voleurs s'avancent : Alphonse en prend un à
brasse corps , comme pour se sauver , et le jette à terre.
Scapel s'est relevé et a enlevé Séraphine qui jette des
cris épouvantables.*)

SÉRAPHINE.

Au secours ! au secours !

(*Prêt d'ariver à la coulisse , Rolando arrive et crie au
voleur : Arrête. Il lui présente le pistolet sur la gorge. Il lache sa prise et tombe de frayeur. Séraphine
tombe dans les bras de Léonarde. Tous les voleurs
arrivent en même-tems , ce qui forme tableau.*)

FINALE.

ROLANDO.

Lequel de vous prétend me l'enlever ?
Me voilà prêt à lui répondre.

LES VOLEURS.

Croyez-vous ainsi nous confondre ?
C'est trop ; cessez de nous braver.

ROLANDO.

Mon sang dans mes veines bouillonne ,
De rage tout mon corps frissonne.

ROLANDO, LES VOLEURS, ALPHONSE.

Je ne puis plus contenir mon courroux ;
La foudre gronde et va lancer ses coups.

Oui ,

Oui , tant d'audace nous } étonne ,
Non , aucun danger ne m' }
Tremblez , pourtant ; retirez-vous :
Oui , j'oserais vous braver tous.

SÉRAPHINE et LÉONARDE.

Ah ! quelle horreur nous environne ,
D'épouvante mon corps frissonne.
Quel noir transport , et quel affreux courroux!
La foudre gronde , éclate autour de nous.

LÉONARDE.

Venez, venez, retirez-vous ,
Tâchons d'entraîner votre époux.

*Rolando , Séraphine , Alphonse et Léonarde sortent
d'un côté , et les voleurs d'un autre.*)

Fin du second Acte.

ACTE III.

SCENE PREMIÈRE.

LES VOLEURS, *entrant avec désordre et fureur.
Léonarde est aux aguets.*

CHŒUR.

NE souffrons pas un tel outrage ;
Vengeons nous :
Oui , qu'il éprouve notre rage ,
Qu'il tombe sous nos coups.
Punissons tant d'audace :
Qu'à l'instant
Dans son indigne sang
Notre honte s'efface.

UN VOLEUR.

Qui frappera le premier :

D

TOUS.

Moi.

Mon cœur exempt d'effroi ,
Que la vengeance guide ,
En deviendra plus intrépide.

CHARLES.

Ecoutez , mes amis , c'est à Roustan d'aller cette nuit en
course avec quinze de nous , je dois rester ici : avec cinq
braves camarades , je me charge de tout. Que Roustan
parte , je vous garantis qu'à son retour Rolando ni l'Aveugle , sur qui j'ai de violens soupçons , ne seront plus
du nombre des vivans.

CHŒUR.

Nous consentons à cet arrangement.

CHARLES.

Qui nommons-nous pour notre capitaine ?

LE CHŒUR.

Pourrions-nous balancer ?... Roustan.

CHARLES.

Je vois ce choix sans peine.

LE CHŒUR.

Qu'il reçoive notre serment.

ROUSTAN.

Me jurez-vous obéissance ?

LE CHŒUR.

Oui , oui , nous te la jurons tous.

ROUSTAN.

En est-il quelqu'un qui balance ?

LE CHŒUR.

Non : s'il en est un parmi nous ,
Qui jamais te trahisse ,
Frappe ; et que sous tes coups ,
A nos yeux il périsse.

(*Tous les voleurs se retirent.*)

SCÈNE II.

LÉONARDE, *suivie de* ROLANDO, *entrent
avec précaution , et regardant de côté et d'autre.*

LÉONARDE, *à demi-bas.*

ILs n'y sont plus, vous pouvez entrer.

ROLANDO.

As-tu bien entendu ? ne t'es-tu pas trompée ?

LÉONARDE.

Non , Seigneur : vos jours sont en danger. C'est cette
nuit qu'ils veulent accomplir cet odieux projet : c'est
Roustan qu'ils ont résolu de mettre à votre place ; et , comme l'aveugle leur est suspect , ils doivent aussi se défaire
de lui : c'est Charles , Louis , Bazile , Sanche , Denis , Robert qui resteront ici pour exécuter ce complot.

ROLANDO.

Les scélérats ! Je ne vois que trop le péril qui me menace , et je n'entrevois guères de moyens d'y échapper ;
mais je tremble moins pour moi que pour cette femme
infortunée. Que deviendra-t-elle , si elle est aujourd'hui
privée du seul appui qui lui reste ? A quelle horreur ma
mort la laisse en butte ? Son danger me fait frémir.

LÉONARDE.

Ah ! mon cher maître , je vois votre âme se montrer
sous ses véritables traits , elle perce le voile qui la défigurait. Ah ! sauvez cette vertueuse créature , rendez-la
à sa famille , que pouvez-vous espérer d'elle ? Ah ! la
mort qu'elle a résolu de se donner préviendrait ou suivrait l'accomplissement de vos criminels désirs.

ROLANDO, *avec sentiment.*

Laisse-moi , bonne femme , ne me fais pas rougir de
mes attentats ; retourne auprès de cette infortunée , redouble tes soins pour elle ; ce moment va décider de son
sort : mais tu sais combien il y a d'obstacles à surmonter
pour sortir de cet horrible lieu. Laisse-moi quelques momens , et revenez tous trois me rejoindre ici.

(*Léonarde sort.*)

SCENE IV

ROLANDO, *seul.*

RÉCITATIF.

DANS ce péril certain, quel parti dois-je prendre ?
Réfléchissons sur mon sort un moment :
Contre ces forcenés puis-je seul me défendre ?
Mais les lâches verront si mon cœur se dément ;
Enfin, voilà le fruit de mon égarement,
Voilà le prix que j'en devais attendre ;
Trop heureux si j'évite un autre châtiment !
Quelle voix dans mon cœur crie et me fait entendre :
Répens-toi ! L'abîme est sous tes pas !
Ah ! songe a ta famille, a ton malheureux père,
Dont tes forfaits, peut-être, ont causé le trepas !
O ciel ! cette idée affreuse et qui me désespère,
Cédons à mes remords. Oui, rendons en ce jour
Un cœur à sa vertu ramene par l'amour.
Eh bien, n'hesite plus, sauve une infortunée !
De ses dangers cruels tu dois la délivrer ;
A son sort aujourd'hui j'unis ma destinée :
Si j'ose vivre encore, ah ! c'est pour l'adorer.
Que dis-tu, malheureux ! quelle est ton esperance ?
Vas, cours te signaler par de nouveaux forfaits :
Lâche ! de tes remords sont-ce-là les effets ?
Est-ce pour l'accabler que tu prends sa défense ?
Non, sauvons ses jours ; mais sans autre espoir
Dussé-je en la perdant, mourir de désespoir.

Ah ! comment au milieu des dangers qui me menacent moi-même, pourrai-je l'arracher de cette caverne ?... J'entends, je crois le bruit des chevaux, c'est Roustan qui part avec quinze des plus déterminés ; je n'ai donc que le fier Charles à redouter, les autres peu aguerris ne m'inquiètent guères ; je ne puis cependant rien entreprendre pour votre délivrance, que je ne les aie mis hors d'état de nuire à notre retraite ; ils doivent veiller à l'entrée de cette caverne, et rien que la mort ne peut les en écarter. — J'ai pris mon parti ; je sais qu'il faut

---

plus de témérité que de prudence vis-à-vis de ces scélérats. Je n'attendrai pas qu'ils m'attaquent, je veux les prévenir. Mon intrépidité les fit toujours trembler, elle pourra les subjuguer encore ; ils m'ont vu surmonter des périls plus grands ; mon sang-froid, mon courage, mon bonheur peuvent seuls me tirer d'un pas si dangereux, et j'y mets ma confiance ; mais voici cette infortunée.

SCÈNE V.

ROLANDO, SERAPHINE, ALPHONSE, LEONARDE.

ROLANDO, *à Séraphine.*

Vous frémissez à mon aspect, madame ; rassurez votre cœur. Si j'ai osé dans mon égarement outrager votre vertu, connaissez aujourd'hui son pouvoir. Cette vertu à qui je dois le retour de la mienne, un ascendant plus fort peut-être, et que je ne puis définir, commande impérieusement à mon cœur le sacrifice de mes lâches désirs ; cessez de me voir avec effroi ; bannissez toute crainte, madame.

SERAPHINE.

Est-ce vous que j'entends ? Des sentimens si géné-

ROLANDO.

Ah ! sans doute la foi d'un homme livré à l'infame métier que j'exerce, doit vous être suspecte.

SERAPHINE.

Non, je vous rends justice ; vos remords, l'aveu même de vos erreurs, la générosité, le courage que vous montrez en décélant votre ame, entraînent ma confiance : mettez le comble à mon admiration, en m'arrachant à mes dangers.

ROLANDO.

C'est, n'en doutez pas, mon unique désir ; mais je ne puis vous cacher le péril qu'il me faudra surmonter : ma vie et celle de cet infortuné sont aujourd'hui proscrites dans ce lieu.

SERAPHINE.

O ciel ! que me dites-vous ?

ROLANDO.

Oui, ces scélérats outrés des secours que je vous donne, et me voyant le seul obstacle à leurs infames désirs, ont formé cet odieux complot.

ALPHONSE.

Je ne balance plus : votre repentir m'est un sûr garant de votre vertu, (*En se découvrant.*) Eh bien ! voyez un défenseur, l'époux de Séraphine ; nous serons ses libérateurs.

ROLANDO, *dans l'excès de la surprise.*

Je demeure confondu... Quoi ! son époux !... Quel prodige !... vous auriez échappé à la mort ?

ALPHONSE.

Votre cœur en concevrait-il quelque regret ?

ROLANDO.

Ah ! sa joie est extrême ; d'un poids accablant il se sent soulagé : oui, j'aurais donné ma vie pour racheter la vôtre ; jugez, Seigneur, de la sincérité de mes remords, puisque mon cœur vous voit sans jalousie, et qu'il se trouve heureux de votre félicité ; mais de quel œil voyez-vous un misérable ?

ALPHONSE.

Comme l'ami le plus cher et qui veut toujours l'être.

ROLANDO.

Moi, votre ami ? ah ! je sens combien je suis indigne de ce titre.

ALPHONSE.

Oubliez vos erreurs. Si les passions d'une fougueuse jeunesse ont pu vous entraîner, vos remords font assez connaître que les plus rares vertus ont leur source dans votre cœur ; voyez ma confiance et ma sincérité ; en quittant cet indigne asile, mon amitié vous en offre un. Venez partager ma fortune, vous trouverez en moi à jamais un ami, je vous chérirai comme un frère.

ROLANDO.

C'en est trop, vous accablez mon ame ; je reste anéanti sous le poids de la honte et des remords ; combien ce procédé me fait sentir ce que mes égaremens m'ont fait sacrifier ; tous les droits que la vertu donne au bonheur sont anéantis pour moi. La tendresse paternelle, l'estime, l'amitié, l'amour même sont-ils faits pour un cœur aussi coupable ? et vous-même qui vous montrez si généreux, pourriez-vous oublier que c'est dans l'asile du crime, entouré de forfaits, que vous m'avez connu ? non, Seigneur, je n'irai pas souiller la retraite sacrée

---

que vous daignez m'offrir. Ah ! sans cesse le crime y ferait horreur à la vertu. Il n'en est qu'une désormais pour moi, c'est celle du repentir, c'est dans les larmes que je dois ensévelir ma honte et expier mes fureurs.

QUATUOR.

ALPHONSE, SERAPHINE et LÉONARDE.
Quel intérêt vous faites naître,
Et que vos remords sont touchans !

ROLANDO.
O vous ! à qui je dois un nouvel être
Et de plus dignes sentimens,
Ange dont les vertus et la beauté divine
Vous ont sans doute acquis le nom de Séraphine,
Apprenez-moi celui de vos parens,
Et que du moins ce cœur qui vous revère,

ALPHONSE et SERAPHINE.
Le citoyen Alvar de Gusman est { son / mon } père.

ROLANDO.
O ciel ! qu'ai-je entendu ? Se peut-il ? Malheureux !

ALPHONSE, SERAPHINE.
D'où naît cette douleur amère ?
Pourquoi les pleurs qui coulent de vos yeux ?

ROLANDO.
O terre ! ouvre-toi sous mes pas.

ALPHONSE, SERAPHINE.
Daignez expliquer ce mystère.

ROLANDO.
Ah ! par pitié, ne m'interrogez pas.

ALPHONSE et SERAPHINE.
Non, c'est trop nous causer d'allarmes,
Osez vous confier à nous.

ROLANDO.
O ciel ! que me demandez-vous ?

SERAPHINE et LEONARDE.
Ah ! malgré moi, je sens couler mes larmes.

ALPHONSE.
Ah ! que mon cœur est touché de ses larmes.
Parlez.

ROLANDO.
D'un fils maudit, proscrit, abandonné,
De sa sœur méconnu, les forfaits exécrables
N'auront-ils pas d'un père infortuné

Abrégé les jours respectables.

SERAPHINE.

Que dites-vous, et quelle est ma terreur ?
Mais quel trouble nouveau, que je ne puis comprendre !
Quelle voix inconnue en moi se fait entendre ?
Ah ! daignez achever... Ce fils ?...

ROLANDO.

Percez son cœur.
De votre nom flétri vengez ainsi l'honneur.

SERAPHINE, ALPHONSE, LEONARDE.

Se pourrait-il ? qui vous, { mon / son } frère ?

SERAPHINE.

Vous don Juan ?

DON JUAN.

Ce nom me désespère ;
Non, je ne le suis point, et mes lâches transports
Me rendent à vos yeux un objet de colère.

SERAPHINE, ALPHONSE.

Non, tout est effacé par vos touchans remords.

DON JUAN.

Oubliez-vous que dans ma rage,
Ce cœur atroce osa vous faire outrage ?

TOUS TROIS.

Que cette épreuve instruise votre cœur
Jusqu'où peut emporter du crime la fureur.

DON JUAN.

Non, la pitié vous égare,
Fuyez un monstre, un assassin,
Un fils dénaturé, barbare ;
Enfoncez un fer dans mon sein.

TOUS TROIS.

Quel trouble affreux de vous s'empare !
Venez auprès d'un père, enfin ;
Quel bonheur ce jour lui prépare !
Il vous recevra dans son sein.

DON JUAN.

Qui moi, m'offrir devant mon père ?

SERAPHINE.

Il sera touché de vos remords, de vos larmes sincè-
res... Venez, venez, ô mon frère ! embrassez ses genoux.

DON

DON JUAN.

Eh bien ! il m'y verra mourir de douleur ; mais dumoins que les derniers momens qui me restent soient consacrés à votre délivrance ! il n'est point d'obstacles et
de périls qu'on ne me voie surmonter pour vous arracher
de cet effroyable repaire.

ALPHONSE.

Mais vos jours sont menacés, je ne vous quitte point.

DON JUAN.

Non, restez ; les vôtres sont trop précieux pour que je
veuille les exposer. Votre présence d'ailleurs rendrait nos
périls plus certains. Cependant si votre secours me devenait nécessaire ; au premier bruit, au premier signal,
daignez venir à moi.

ALPHONSE.

Comptez-y.

DON JUAN.

Suis-moi, Léonarde.

LEONARDE.

Je ne vous abandonne point, mon cher maître ?
　　　　　　(*Ils sortent.*)

SCÈNE VI.

SERAPHINE, ALPHONSE.

SERAPHINE.

QUELS événemens ! quel jour de terreur ! mais sa
vie, dit-il, est menacée... Je frémis.

ALPHONSE.

Mets ta confiance dans son courage et dans le mien.

SERAPHINE.

Et le moyen que vous puissiez résister tous deux contre le nombre ? qu'allons-nous devenir ? quelle assistance
pouvons-nous attendre ? déjà le tems s'écoule et tes amis
n'ont encore rien entrepris. Non, rien ne peut rassurer
mon cœur ; ce n'est plus pour moi, c'est pour toi que
je tremble.

　　　(*On entend un coup de pistolet.*)

ALPHONSE.

Je vole à son secours.

E

SERAPHINE.

Arrête, je ne te quitte point.

ALPHONSE.

Non, garde-toi de me suivre.
　　　　　　(*Il sort.*)

SCENE VII.

SERAPHINE, *seule.*

RECITATIF.

OUI, dussé-je mourir... Ah ! je frissonne,
Je ne me soutiens plus, la force m'abandonne ;
Je veux te suivre, et fais un vain effort.
O moment plus affreux ! plus cruel que la mort !
Grand Dieu ! pour l'époux que j'adore
Vois les terreurs de mon cœur éperdu !
Ah ! m'aurait-il été rendu
Pour me le voir ravir encore ?

SCENE VIII.

SERAPHINE, LEONARDE.

LEONARDE.

DISSIPEZ vos terreurs, madame, le péril est passé ;
nous allons sortir de cette horrible Caverne.

SERAPHINE.

Serait-il possible ? ils vivent !... Courons, soutiens-moi.

LEONARDE.

Non, Madame... Vous allez les voir. Ah ! votre frère,
quel homme ! quel courage ! quelle intrépidité ! En vous
quittant nous nous sommes avancés sans bruit vers l'endroit où étaient ces scélérats. Le traître Charles, le pistolet à la main, s'avançait déjà à la tête des cinq autres ;
votre frère se montre, et sans aucun autre discours, lui

---

lâche son coup qui le jette à ses pieds ; les autres s'é-
taient réunis pour l'accabler. Dans cet instant votre
époux a paru : les lâches sont restés anéantis, confon-
dus, et jetant bas leurs armes, ont imploré la clémence
du capitaine : il s'est contenté de les lier et de les enfermer
dans un endroit où ils ne peuvent être à craindre. Votre
époux et votre frère préparent des chevaux ; ils vont
nous arracher de ce séjour infernal : les voici.

SCENE X.

SERAPHINE, LEONARDE, DON JUAN, ALPHONSE.

DON JUAN.

VENEZ, venez, ne perdons point de tems, les momens sont précieux.

SERAPHINE.

Grand Dieu ! quel bienfait tu nous accordes.
　　　(*Un grand bruit fait retentir la Caverne.*)

DON JUAN.

Qu'entends-je ?

LEONARDE.

O ciel ! les scélérats rentrent tous ; nous sommes
perdus.

DON JUAN.

Voici l'instant le plus funeste,
Et le désespoir seul nous reste.

CHŒUR, *hors de la scène.*

Barricadons, formons une barrière ;
Rendons vains leurs transports.
　　　(*La Caverne est ébranlée.*)

DON JUAN, ALPHONSE.

Quel embarras ! ô ciel, que faire !

SERAPHINE, LEONARDE.

Ah ! quels affreux transports.

DON JUAN, ALPHONSE.

Bravons leurs vains transports.

CHŒUR.

Enfonçons cet affreux repaire ;
Redoublons nos efforts.

SCENE XI.

LES PRÉCÉDENS, les amis D'ALPHONSE, les
VOLEURS.

CHŒUR.

TOUT cède à nos efforts.
GILBLAS *et les amis mettant en joue les Voleurs.*
Bas les armes, il faut vous rendre;
LES VOLEURS.
Non, nous saurons nous défendre;
Plutôt la mort que de nous rendre.
GILBLAS *et les amis d'Alphonse faisant feu.*
De vos forfaits voilà le prix.
LES VOLEURS.
C'est Gilblas, nous étions trahis.

SCÈNE XII *et derniere.*

SERAPHINE, *dans les bras de Léonarde*, GILBLAS,
DON JUAN, ALPHONSE, *ses amis.*

ALPHONSE *à Don Juan qu'il tient par la main.*

QUE ne vous dois-je pas, généreux Don Juan ! ô Gilblas ! ô mes braves amis ! pourrai-je jamais m'acquitter
envers vous.
GILBLAS.
Se peut-il ! vous vivez mon cher Alphonse ?
ALPHONSE, *l'embrassant.*
Embrasse ton ami.
SERAPHINE, *revenant à elle et volant dans les bras*
d'Alphonse et de son frère.
Où suis-je, cher époux ! Mon frère ! Ah ! quel bonheur !
GILBLAS.
Qu'ai-je entendu ? Son frère !

SERAPHINE.
Oui, lui-même, à qui je dois et l'honneur et la vie.
DON JUAN.
Pourrai-je jamais me nommer votre frère ?
SERAPHINE.
En est-il un plus cher, plus digne de mon cœur !

TRIO.

SERAPHINE, ALPHONSE, DON JUAN.

Grand Dieu, dont la bonté suprême
Met fin à mes tourmens;
C'est du sein des orages même
Que tu rends le calme à mes sens.
Venez ⎫
⎬ auprès d'un père
Je vais ⎭
Goûter du ciel les doux bienfaits,
Dans une pure jouissance,
Dans les vertus et l'innocence
Trouver le bonheur et la paix.

Fin du troisième et dernier Acte.

THE SCORE

in facsimile

Table des matières de la partition

LA CAVERNE

DRAME LYRIQUE

en trois Actes

Representé pour la premiere fois sur le Théâtre de la rue
Feydeau, le 16.e Fevrier 1793 (vieux stil) l'an 1.er de la Republique.

Paroles de Dercia

Musique de Lesueur

Gravé par Huguet

Prix 36^{tt}

A PARIS Chez H. Naderman Editeur Luthier Facteur de Harpe et autres Instrumens
de Musique Rue d'Argenteuil Bute des Moulins à Apollon.

LA CAVERNE

DRAME LYRIQUE, EN TROIS ACTES.

Acte Premiere.

Le Théâtre Représente une Caverne Taillée dans le Roc, elle est éclairée par une Lampe; on voit à droite et à gauche deux allées souterraines dont l'une va en descendant le théâtre est double de haut en bas. la Caverne est surmontée d'une forêt qui avance jusqu'aux premieres Coulisses. Au lever du rideau Séraphine, abimée dans sa douleur est assise auprès d'une table; ses cheveux sont épars et ses vêtemens en désordre; sa tête est cachée entre ses deux Bras croisés et appuiés sur la table. Léonarde assise à quelque distance file au rouet, tandis que Gilblas se promene d'un air pensif et s'arrête, de tems à autre, en regardant Séraphine avec attendrissement.

SCENE Iere

Séraphine, Léonarde, Gilblas.

OUVERTURE

3

3

Corno 1º

Corno 2º in Re

Corno 3º

Clar:

La toile se lève.

22

cher à leurs fu-reurs   ô Ciel inspire moi le moy en qu'il faut prendre qu'il faut

mezza voce

Violes

Séraphine

col b

dolce

der-nier es - poir des misé

dolce

ô Ciel prends pi

dolce

pren - - - dre

mezza voce

3

33

34

38

3

Léonarde

M'en croirez vous Madame . cedez à votre sort; le Capitaine vous aime, unissez vous à lui, les autres vous respecteront et vous n'aurez plus rien à craindre de leur audace, c'est un homme bien né et qui a eu de l'éducation; on dit même ... mais il se tait la dessus . il est Bon généreux et Brave comme un césar. allez, allez Madame, on peut faire un plus mauvais choix .

Gilblas.

Madame, Léonarde, cessez de grace, vous ajoutez à ses peines.

Léonarde.

Avec un ton fin.

Mais, mon cher Monsieur Gilblas; vous me paraissez prendre bien de l'intérêt à cette belle dame .' hum ...

votre colique d'hier au soir était, je crois, une colique de commande. vous vouliez avoir un prétexte pour ne pas aller aujourd'hui en course avec nos gens et pour rester seul ici ah! l'on ne m'abuse pas facilement.

Gilblas . a part.

Elle n'a que trop bien pénétré .. mais elle n'imagine guère le motif qui me fait agir.'

Léonarde

Au surplus, tout cela ne me regarde pas et je me tairai là dessus parceque vous m'interressez ici plus qu'aucun autre, vous êtes doux, honnête ;...j'aime cela; mais les autres, excepté le Capitaine cependant; oh! les vilaines gens! mais voici l'heur ou ils vont bientôt arriver et je n'ai encore rien préparé. ne perdons, point de tems Diable.' ce serait un beau train si rien n'était pret . (en montrant séraphine.) je vous laisse un moment; jeune homme soyez sage au moins.'

Gilblas.

Allez, ne craignez rien ,' je sais respecter la vertu et sur tout le malheur. (Léonarde sort.)

SCENE II.
Séraphine, Gilblas.

Gilblas ,(s'approchant respectueu-*sement.*)

Madame ne vous offensez pas de ma témérité mais les instans sont précieux. il faut ...

Séraphine *se levant avec effroi.*

Quels que soient tes projets, retire toi téméraire, ne m'approche pas.

Gilblas.

Ah, jugez mieux, Madame, du motif qui me guide, n'apprehendez rien d'un homme qui sacrifirait sa vie pour vous arracher au péril qui vous menace ; ne me confondez pas avec les Brigands qui vous tiennent captive en cet horrible lieu, où je suis moi même me arrêté malgré moi depuis six mois et c'est pour echapper au premier moment à leur vigilance que je me rends complice de leurs forfaits. mais si le ciel pouvait favoriser mes desseins, ne voyez en moi qu'un libérateur.

Séraphine *avec transport*

Qu'entens je ? quoi le ciel pourrait vous inspirer ?... quoi, vous pourriez ? ... *(voulant se jetter à ses genoux il l'en empeche.)* ah ! qui que vous soyez j'embrasse vos genoux. sauvez moi la vie, sauvez moi l'honneur !

Gilblas.

Vos dangers et vos larmes enflament mon courage ! Comptez...

Séraphine.

Si vous pouvez me rendre à mes parens, esperez tout du Comte Alvar de Gusman, mon pere,

Gilblas.

Qu'ai je entendu ! vous la fille du Comte Alvar de Gusman vous seriez cette Séraphine l'objet de la tendresse du généreux Alphonse de Leiva ?

Séraphine.

Oui je suis cette infortunée Séraphine, l'himen venait de m'unir au plus aimable au plus chéri des hommes.

Gilblas.

Se pourrait il cela que ces scélérats ont massacré

Séraphine.

Hélas lui même ils m'ont après trainée mourante dans cette horrible Caverne, où depuis quatre jours, ma vie et mon honneur... sont à toute heure exposés.

Gilblas.

Que viens je d'entendre ? ô mon malheureux maitre.

Séraphine.

Que dites vous ? votre maitre.

Gilblas.

Oui, Madame ! vous voyez Gilblas, depuis longtems attaché au Comte de Leiva son pere. il n'est pas que vous ne lui ayez quelque fois entendu parler de moi.

Séraphine.

Quoi vous, Gilblas ? ah, quel espoir s'empare de mon âme.

Gilblas.

Peut être, madame, mon malheur lui aurait il fait soupçonner ma fidélité.

Séraphine.

Non, ne le croyez pas, Elle ne lui fut jamais suspecte, il à présumé une partie des Evénemens dont je vois ici la réalité. pauvre Gilblas ! vous avez perdu votre malheureux maitre. prenez pitié de sa veuve infortunée. arrachez moi à mes périls affreux, sortons d'ici à l'instant même.

Gilblas.

Eh, que n'est il possible ? hélas, Madame ! lorsque ces Brigands vont en course, ils ferment l'entrée de cette Caverne de manière que les plus grands efforts ne pourraient parvenir à l'ouvrir.

_____

Air.

il m'en con - ter le jour j'emploi'ai tout force et pru -

- dence pour vous ra - vir de ce se jour oui j'emploi - rai

tout pour vous ra vir de ce sé jour j'emplorai tout j'emploirai tout

non ne doutez point de mon ze le ma vie et mon sang sont à vous oui, ma vie et mon

sang sont a vous ne perdez point toute es-pe-ran-ce

ah'dut il m'enconter le jour j'em-ploi-rai tout force et pru-

poux ne perdez point toute es-pé-rances ah'dul il men conter le jour

Oboë et Clari.

doux avec mistere

pour vous ra-vir de ce se-jour j'emploirai tout oui j'emploirai

-rir j'em -ploi rai tout j'em -ploi-rai tout ora j'em-ploi - - -rai tout

vert un endroit, qui en était autre
fois la principale Embouchure et
qui n'est fermé que par un amas de
Décombres; c'est par là, tandis, que
ces Brigans seront en course que
je compte aidé de mes amis péné-
trer dans ce repaire et vous en
arracher.. mais cette vieille revient,
rassurez vous, Madame, et comptez
sur les efforts de mon zèle.

SCENE III.
Séraphine, Léonarde, Gilblas.
Léonarde.

Quils arrivent quand ils voudront,
tout est disposé, (à Séraphine, en la
regardant avec finesse.) je vous trouve
un peu consolée, allons, allons, mon
Enfant du courage, ne vous laissez
pas abattre. douleur n'est bonne à
rien. notre Capitaine, vous dis je,
vaut bien peut être cela que vous
regrettez tant.

Gilblas.

Eh, Léonarde laissez Madame et
ne l'accablez pas.

Léonarde.
(se remettant à filer.)
Ce n'est point mon dessein je voudrais au contraire la consoler, je
voudrais adoucir ses peines. vous
ne me jugez pas bien, j'ai toujours
eu le Cœur bon. c'est un trait iné-
façable. et la beauté se passe,
j'ai été jolie autrefois, voyez ce
qu'il m'en reste, chacun à son
tems ; le mien est passé, quelle
différence avec celui d'aujour-
d'hui.

Chanson.

Rappellez votre Courage, Madame.
n'apprehendez rien de ces scélérats.
leur Capitaine à qui vous avez inspiré la plus vive passion, saura
les contenir. lui même paraît vous respecter. c'est un homme bien né mais
que les débauches et les folles erreurs
ont jetté dans l'abime où il est. cependant on apperçoit souvent en lui cet
air sombre et mélancolique qui décèle le repentir; je l'ai quelque fois
surpris les yeux mouillés de larmes
je me trompe ou les remords l'agitent. ne croyez pas qu'il veuille rien
obtenir de vous par la violence. mais
j'espère si je puis aujourd'hui sortir
avec ces Brigands executer le dessein
que j'ai depuis longtems formé de
leur echapper. en Examinant tout les
recoins de cette Caverne, j'ai decou-

52 Moderato

3

d'hui le monde est diffe - rent le pauvre temps le pauvre temps que le temps d'apré

- sent le pauvre temps le pauvre temps que le temps d'apré - sent que le temps d'apré

sent

2.ᵉ Couplet.

On m'abordoit toujours avec tendresse
Et pour me plaire on s'empressoit toujours
On admiroit mon air ma gentilesse
On me flatoit par cent jolis discours
Ah! l'heureux temps que le temps des amours

3.ᵉ Couplet.

Eh quoi se voir aujourd'hui sans conquête
N'entendre plus ni soupirs ni serment
Pas un bouquet même au jour de ma fête.
Ah! que Bastien, le plaçoit joliment
Le pauvre tems que le tems d'apresent.

3

54

Mais je crois entendre nos gens,
oui, oui, l'on ouvre la trappe du
souterrain. ce sont eux mêmes.

Séraphine.

Juste ciel, leur retour redouble ma
terreur, que vais-je Devenir? (se ser-
rant près de Léonarde.) ah! Madame,
ne m'abandonner pas;... protegez moi.

Léonarde.

Ne craignez rien, rassurez vous
mon enfant.

SCENE IV.

Séraphine, Gilblas,
Léonarde, un grand
nombre de Voleurs. leur Ca-
pitaine est effrayant.

Chœur.

Andante con Molto

WPP

Cuivis

C col b

Violes

Séraphine

Juste Ciel   leur re-tour re-double ma ter-

PP

Gilblas

contraignez votre dou - - leur

reur.

Andante con Moto

uniss

3

55

3

56

3

58

3

à Séraphine.

grand Dieu

cal . . . . mez

oh! la bonne au bai - ne mais aus - si qu'elle peine c'é - toit un bruit d'en

bai - ne mais aus - si qu'elle pei - ne c'é - toit un bruit d'en fer.

3

3

-reur je cede a ma ter-reur à ma ter-reur à ma ter-reur

-reur quél-le fu-reur quelle fu-reur quelle fu-reur

-cès quel bril-lant suc-cès quel brillant suc-ces quel brillant suc-ces

Roustan.

Mais voici le Capitaine.

SCENE V.

Séraphine, Gilblas, Léonarde, les voleurs. Rolando. il a les moustaches épaisse, plusieurs Pistolets garnissent sa Ceinture, et son sabre est Enorme.) quelques autres voleurs.

Rolando.

Messieurs, vous vous êtes conduits avec courage; mais avec trop de Cruauté. je ne vois pas qu'il soit nécessaire de répandre le sang inutilement. faisons notre métier avec un peu plus d'humanité. quand on nous oppose de la résistance. et qu'on attaque nos jours, nous devons les garantir par la perte de nos ennemis mais lorsqu'ils cedent et qu'ils demandent la vie, il y a de la barbarie, de la bassesse même à la leur ôter.

Roustan.

Ma foi, nous n'entendons rien à toutes ces belles maximes. et je plains ceux que nous rencontrerons lorsque nous serons les plus forts.

Rolando. haussant les Epaules.

C'est fort bien. allons qu'on Examine les prises et qu'on les portes au magazin. que Bernard, Charles, et Bertrand partent à l'instant pour manvilla et aillent vendre les chevaux qui ont été pris et qui nous sont inutiles.

Gilblas.

Capitaine, permettez que je les accompagne. je me sens beaucoup mieux et je crois que l'air me fera grand Bien. d'ailleurs je veux vous prouver mon zele, et vous faire voir aussi par quelque action d'éclat, que je ne suis pas indigne de votre Estime.

Rolando.

Eh bien, va, Gilblas. ma foi, j'augure bien de toi et je me persuade, quand tu sera encore un peu plus aguerri, que tu te distingueras un jour parmi nous.

Pendant que plusieurs voleurs s'approchent de Séraphine, Gilblas, Bernard, Charles, et Bertrand, sortent.

SCENE VI.

Séraphine, Léonarde, Rolando, les Voleurs.

Roustan à séraphine.

Allons, allons, la Belle affligée, consolez vous, tenez il faut pour commencer, que nous nous embrassions.

Rolando. fierement.

Tout beau, Monsieur, tout beau. qu'on la respecte, je vous en prie.

Roustan.

Parbleu, Capitaine, est ce que vous croyez que nous consentirons encore...

Rolando avec fierté.

Je l'espere... au surplus, j'entend qu'elle soit ici maitresse absolue de sa volonté et le premier qui osera l'insulter, c'est à moi qu'il aura affaire.

Les Voleurs en s'en allant.

78

Oh, tout cela commence fort à -
nous ennuier.

(Ils sortent avec Léonarde.)

SCENE VII.
Séraphine, Rolando.
Rolando.

Madame; tant que je respirerai
ne craignez rien de leur audace;
je sçaurai les Contenir.

Séraphine.
Poco Andante sans Lenteur

Eh, Bien, ne soyez pas généreux
à demi; osez être mon libérateur
meritez toute ma confiance, et
comptez sur la récompense que
vous obtiendrez de mes parens si
vous avez la générosité de me rendre à eux.

Rolando.
Ah! Madame, que me demandez
vous; est il un prix comparable
à ce que je possède.

3

80

84

Andante

Final..

Don Alphonse (Que le Spectateur apperçoit dans la forêt.)

Toi que sans cesse j'ap

pel le dans ce sau va ge sé jour. hé las ton a mant fi dè le ta til per

du sans re tour prête a savoir plain-ti-ve une oreille at-ten

-ti-ve c'est cel-le de l'a-mour c'est cel-le de l'a-mour c'est

cel - le de l'a - mour c'est cel - le de l'a - mour

Séraphine

Quelsac

3

3

100

3

col arco

Pizzicato

Basso

qu'im'ac - ca - ble on m'y ver-ra mou - rir   on m'y verra mourir   toi que sans
sotto voce

celle aven -

sotto voce

Violoncelle

P
col arco.

108

3

3

fois nous perdre tous peut quelque fois nous perdre tous nous per - dre tous nous

en s'en allant

PP

Derrière la Scène.

per - dre tous nous per - dre tous nous per - dre tous

PP

PP

PP

Fin du 1.er Acte

ACTE IIME

SCENE PREMIERE.

Seraphine.

Seule S'avançant.

Recitatif.

3

Dans ce séjour du crime quel sort m'attend

Grand Dieu

Andantino

con sensibilità

grand Dieu je n'es père qu'en toi

col Violini

Clar. P

au coup qui la me

3

Andantino

lence pro-fond qui regne autour de moi   cette lueur pâle et tremblante

dans mes esprits gla-cés redoublent l'épou-vante

can sentimento doloroso

qui me prote-ge-ra dans ce séjour d'ef-froi?...

126

3

de ma feli ci té su prê - me je n'avois point je n'avois point du sort é prou

ve la ri gueur l'himen en fin comblant mes vœux a - voit tissu les nœuds de ma feli - ci

3

jour d'al - lar - mes va suc ce - der l'épou - - vante

cres

Clar: et Ob.

Corno 3º et tromp en ut.

et les larmes un coup af freux vient de dé-traire vient

Timballes couvertes

SCENE II.

Séraphine, Léonarde.
Léonarde.

Pardonnez moi si je vous ai -
l'aissée seule quelques momens :
mais les soins ou je suis forcée
m'y on obligé.

Séraphine.

Ma bonne, quittez moi le moins
que vous pourrez, je vous en -
supplie.

Léonarde.

(Baisant la main de Séraphine qui
la presse dans ses bras.)
Pauvre chere Dame.

Air.

3

140

flige   hé las il faudroit un pro - dige pour mettre fin a vos malheurs prenez vos maux en pati-

ence que ne puis je les soula ger   prenez vos maux en pati - ence

3

que ne puis je les soula-ger que ne puis je les soulager   mais com

tex sur mon assistance vous me ver-rex du moins les par-ta-ger vous me ver-rex du

—tance vous me ver-rez du moins les par-ta-ger vous me ver-rez du moins les

par-ta-ger.

Séraphine.
Un si tendre interêt me pénêtre
ne m'abandonnez jamais, protégez
moi comme votre enfant ; employez

tout votre pouvoir sur l'esprit du
Capitaine pour détourner de moi
ses persécutions.

Léonarde.
Ah, comptez sur mon zéle et
mon attachement. vos jours et votre
honneur me sont aussi précieux
que si vous étiez mon Enfant-
même : vous le seret, je vous chérirai
comme une tendre mère : mon cœur,
que le besoin d'aimer à toujours
rempli, retrouve enfin son aliment.
je vous consacre le reste de mes
jours....

Séraphine (l'embrassant.)
Combien vous m'étonnez! Comment
se peut il qu'avec une âme honnête et sensible vous habitiez parmi
ces sécleráts.

Léonarde.
Vous avez dû me juger défavorable

3

146

ment : vous n'avez pas dû penser que dans ce séjour horrible, on pût trouver quelque étincelle de vertu ?

Séraphine.

La votre y brille encor d'un plus vif éclat

Léonarde.

Mais je crois entendre nos gens rentrer.

SCENE III.

Séraphine, Léonarde, Rolando, les Voleurs.

Ils introduisent un aveugle vêtu d'une longue robe, un grand feutre couvre sa chevelure Blanche, une longue Barbe lui tombe sur la poitrine, il a une vielle sur le dos et un gros Bâton à la main.

Rolando (le conduisant.)
Viens, viens mon ami, n'appréhende rien, on ne te veut point de mal... par ici... (à Séraphine.)
Tenez madame, voila un pauvre aveugle que nous avons trouvé, il pourra peut être par ses chants apporter quelque soulagement a vos ennuis. (a l'aveugle qui fait un mouvement involontaire.) ne crains rien, Bon homme, ne crains-rien, on ne te veut aucun mal, rassure toi et chante a madame quelque Romance.

L'aveugle.

(Avec une voix cassé.)
Je le veux bien mon Bon Seigneur; je ferai tout ce que vous voudrez.

Alphonse : Or écoutez je vais vous apprendre du A - mantles cruels malheurs mais si vous avez un cœur tendre hé-las

PP   P

PP   P

PP   P

pourrez vous les entendre sans leur donner des pleurs pourrez vous les en tendre sans leur don

PP   P

Seraphine a part
sur le devant de
la Scene
Quels accents
et quel rapport
incroyable...

P

P

P

P

- -ner   des   pleurs   un tendre hy-men à son a-

-mante venoit denchainer son destin

Un Voleur. ^P

L'ami, l'ami ta Chanson est bonne
à faire dormir debout . n'as tu rien de
plus gai à nous chanter.

Séraphine *(toujours a part.)*
Oui, c'est presque le son de sa voix
mon cœur s'y peut-il tromper?...ou bien
est ce une illusion Qu'enfante mes -
malheurs?...

Un Voleur, *(considerant l'Aveugle.)*
Bonhomme! avez vous toujours été a-

3

veugle ?

L'aveugle .

Hélas non, mes bons Seigneurs .

Les Voleurs .

Et depuis quand l'êtes vous ?

L'aveugle .

Depuis que j'ai perdu une épouse que j'adorois. j'ai tant pleuré, tant pleuré...

Séraphine .

(Avec le plus grand attendrissement .)

Ah ! qui que vous soyez je partage votre peine : j'éprouve le même sort mon cœur se sent pénétré de vos maux.

(Pendant que l'Aveugle chante le morceau suivant, Séraphine est dans une agitation d'autant plus violente qu'elle fait tous ses efforts pour la contraindre.

3

com - parable ou - vrage   ses   doux   re - gards   é - toient pour moi les

Cieux   é - toient pour moi les   Cieux de la na - ture incomparable ou vrage

yeux   de la na - ture incomparable ou vra - ge   ses doux re gards étoient pour moi les

Cieux la fleur qui   pa re le Boc cage pres d'elle é - toit   sans é - clat   pres

d'elle é - toit   sans   é - clat sans é - clats a mes yeux sans é - clat a mes

3

154

155

3

Corno 1º

Corno 3.º

--miere du jour la l'u miere du jour la lu -miere du jour

Séraphine. *apart sur le devant du Théâtre.*

Je n'en saurais douter, c'est lui. il vit! ah, comment renfermer le transport de mon âme? o ciel! c'est fait de lui, s'il est reconnu.

Rolando.

Madame, qu'avez vous Donc? vos traits plus altérés...

Séraphine.

Je ne puis supporter l'aspect de cet infortuné, son sort ajoute à l'horreur du mien ses chants, les accens de sa voix., ah, Seigneur, si mes prieres, vʳ touchent, faites le sortir à l'instant de ces lieux.

Roustan.

Oh, que non! oh que non! lorsqu'une

fois on est entré ici, c'est pour toujours et quand les gens nous lassent, on nous embarassent nous savons de quelle manière il faut nous en Défaire.

Rolando *(Exprime son indignation à Roustant par un geste terrible.)*

Séraphine *apart dans un désespoir sombre.)*

Ah! malheureux!

Léonarde *à Roustan.)*

Barbare, pouvez vous présenter à ses yeux un avenir si funeste?

Rolando.

Madame, revenez à vous rassurez votre cœur; vous n'aurez jamais à craindre un semblable destin et puisque le sort de ce Bonhomme vous intéresse je le prens sous ma protection ne craignez rien pour la Léonarde, prenez soin d'Elle, engagez la à prendre quelque soutien.

Léonarde.

Ah, comptez sur mon Empressement et sur mon zèle, je cours vite lui préparer quelque chose.

Scene IV

Séraphine, Rolando, Les Voleurs, l'Aveugle.

Rolando à Séraphine.)

Madame, prenez, s'il se peut quelque Repos.

Roustan.

Oui, oui, il faut la laisser tranquille elle en à besoin de repos. (regardant l'Aveugle.) mais le mal de ce Bonhomme n'est peut être pas sans remède (a un Voleur) Scapel, toi qui es Chirurgien, regarde un peu ses yeux.

L'aveugle.

Quelque habile que vous soyez, votre science ne peut m'être d'aucun secours.

Scapel.

Voyons voyons toujours.

Séraphine avec effroi.)

Ne le tourmentez pas, vous allez peut être lui faire Beaucoup de mal.

Scapel.

Oh, que non, que non.

Scene V.

Séraphine, Rolando, L'aveugle, Bernard, Charles, Bertrand, les autres Voleurs.

Charles.

Capitaine, nous arrivons de Mancilla, nous y avons vendu, les Chevaux : mais apprenez un Evenement qui peut avoir Des suites. Gilblas s'est échappé, malgré notre vigilance à l'observer.

Séraphine marque une surprise pleine de joie.)

L'aveugle.

Gilblas.

Rolando.

Se pourrait il? venez dans ma chambre il est bon de tenir Conseil sur cela (Ils sortent.)

Charles.

(En regardant l'aveugle.)

Quel est cet homme.

Roustan.

Une Aveugle égaré que nous avons trouvé la haut, nous l'avons fait entrer viens je te conterai cela.

Scene VI

Séraphine, L'aveugle.

Duo.

Allegro Agitato

veur a t'il fait un pro - - di ge   j'en dois croire mes   yeux   je

doute rois en   vain   je   doute-rois en   vain

presse moi   sur ton   sein   presse   moi   sur   ton

Alphonse.
mon bon - heur est cer - - - tain   mon   bon - heur est cer

3

3

avec sentiment.

non sans toi sans toi je ne pas vi-vre cher É -

avec sentiment.

Dieu per-met que je la dé-li-vre aux veux d'un tendre É-poux daigne accorder ce

3

moi daigne ac - cor - - der ce prix

Séraphine.

Cher Alphonse, par quel Bonheur
as tu donc échapé?

Alphonse.

Plus Etourdi des coups que j'ai
reçu que Dangereusement Blessé,
ces Brigans m'ont crû mort et
m'ont laissé sur la place, le sentiment m'est revenu au bout de
quelques heures et ne voyant autour
de moi que mes gens massacrés,
je n'ai point douté que ces voleurs ne l'eussent emmené avec leur
Butin; je me suis trainé jusqu'au
plus prochain Village, j'y ai raconté ma funeste aventure, j'ai
su que ces Scélérats avaient leur
retraite Dans cette forêt; je suis
venu voir si à la faveur de ce
Déguisement, je ne pourrais pas
m'y introduire, et Dussai je périr
t'arracher de leur mains.

Séraphine.

Ô mon ami, quel sort nous menace! sache pour comble de misère que le chef de ces Brigands
est épris pour moi de la plus
violente passion: mais tout sentiment D'honneur n'est point a-
néanti Dans son âme, les principes d'une noble Education le
ramenent souvent à la vertu
et l'on peut tout attendre de ses
remords, mais enfin quel est ton
Espoir dans un péril si grand?

Alphonse

Je mets ma confiance dans le
courage de quelques amis, ils doivent attaquer cette Caverne au milieu De la nuit, ils en reconnaîtront
l'entrée, l'un Deux, bien caché nous
observait lorsque les voleurs m'y
ont introduit, je tacherai au moment
où ils attaqueront cet odieux repaire
de les Seconder le mieux que je pourrai.... mais quel est ce Gilblas?

Séraphine.

Ton ancien serviteur que ces Brigands, ont aussi dépouillé et retiennent depuis six mois, c'est je
n'en doute pas, pour Entreprendre
ma Délivrance qu'il s'est échappé:
mais un si faible espoir peut il
calmer ma craintes?

Alphonse.

Le ciel nous protégera, mettons en
lui notre confiance, nous aurait il
rejoint pour nous séparer impitoyablement? ô ma chere Séraphine, Espérons tout de lui.

Séraphine (l'embrassant.)

ô mon ami mon unique Bien.

SCENE VII.

Séraphine, Alphonse, Léonarde.

Léonard Présentant à sé-
raphine un Vase sur une assiette.

Tenez, ma chere Dame prenez cela.
(les surprenant dans les Bras l'un de l'autre.)

Tu Dieu, monsieur l'aveugle. Eh bien,
quand on n'y voit pas, il faut aller
à tâtons.

Séraphine.

Ah! madame Léonarde, vous m'avez
témoigné un interêt si tendre, et v.s
m'inspirez trop de confiance pour que
je vous fasse un mistere de ce qui
ce passe ici, vous voyez mon Epoux
échappé à la mort.

Léonarde.

Se peut il? (à Alphonse.) Ah, Seigneur
à quoi vous exposez vous? vous êtes
perdu; oui, perdu sans ressource, si
l'on vient à vous Découvrir. Comptez
du moins sur ma fidélité, sur mon
zele. oui je vous assisterai de tout
mon pouvoir, et je vous sacrifie mes
jours s'il le faut : mais on vient, te-
nons nous sur nos gardes : (regardant
vers le fond.) C'est une partie de ces
Scélérats, ils ont l'air de Comploter.
il faut rompre leur projet. vous Seigneur, n'ayez pas l'air de l'interêt dans
tout ceci : mais tachez à la faveur de
votre infirmité de les embarrasser
le plus que vous pourrez. je ne dois
pas non plus avoir l'air du Chagrin
allons, reprenez votre instrument faites Chanter et Danser. la vieille Léonarde. (On voit ces Voleurs au fond d'une
des allées Souterraines, pendant que Léonarde
chante et qu'Alphonse l'accompagne D'une
maniere Grotesque.)

3

Allegretto

sur le Chevalet a toutes les Parties

Scene VI on voit des Voleurs au fond d'une des allés Souterraine

Leonarde au son de la Guithare dont Alphonse l'accompagne d'une manière Grotesque.

Il y a cinquante ans et

plus que je n'ai joué de l'épi - nette mes doux plaisirs sont per dus non je n'ai plus non je

n'ai plus d'amu set - te heureux temps que je re - grette mes de sirs sont super flus plaignez

.3.

plaignez la pau vet - te hé-las je n'en jouerai plus plaignez plaignez la pau - vret - te

hé las je n'en jouerai plus hé las je n'en jouerai plus

Scene VII Seraphine
Alphonse une partie
des Voleurs complotant
ensemble au fond du
Théâtre Léonarde
continue sa chanson.

j'en tou chois si jo - li - ment dit on

3

quand j'étois jeunette chacun de son instrument m'accompagnoit m'accompagnoit sur l'her-

-bet - te heureux temps que je re-grette mes dé-sirs sont super flus plaigne plaignez la pau-

-vret-te hé-las je n'en jouerai plus plaignez plaignez la pau-vret - te hé-las

3

je n'en jouerai plus hélas je n'en jouerai plus

Roustan aux autre
Voleurs
paix ne les
troublons pas
observons les
3me Couplet

Si quelque jo-li garçon veut touché de madi selle mere-

p. Léonarde continue sa Chanson Seraphine pleine d'effroi
se serre derriere elle

apart a Serap. et Alph.   P haut

mettre a l'unis-son prenons garde on nous quette je lui ferai je lui ferai la cour bet--

le heureux temps que je re - grette mes dé - sirs sont sur per - flus plaignez plaignez la pau

vret - te hé - las je n'en jouerai plus... prenons garde on nous guette plaignez

plaignez la pau vret - te hé - las je n'en jouerai plus hé - las je n'en jouerai

SCENE VIII.

Séraphine, Alphonse, Léonarde les Voleurs. au- fond du Théâtre.

Roustan (à Léonarde.)

Diable la vieille Léonarde, com-me un instrument vous met en train.

Léonarde.

Que venez vous faire ici vous, laissez nous.

Roustan.

Bon il ne faut pas vous facher. tenez il faut que nous Dansions ensemble; et le papa nous joüra un Rigaudon (il va la prendre par la main.)

Léonarde.

Allons, allons, laissez moi.

Roustan s'approche de Séraphine.)

Et la Belle en sera.

Séraphine se serrant près de Léonarde

Ah, tout mon corps frissonne... grand Dieu prenez pitié de moi.

Alphonse (allant et revenant devant Séraphine heurte Roustan et le fait tomber.)

Mais qu'est ce que vous voulez donc?

Roustan (à l'aveugle.)

Est ce que tu n'y vois pas? que le Diable t'emporte.

Charles saisissant Léonarde par derriere, en la détournant) Parbleu voici bien des façons

Bertrand saisissant également Alphonse et le Détourne.) Roustan prend la vite!

Séraphine et Léonarde

(avec des cris effroyables.)

Au secours! au secours?

Roustan (s'empare de Séraphine et l'enlève.)

Je la tiens, venez mes amis! (il sort emportant Séraphine qui s'évanoüit dans ses Bras.)

(Les Voleurs qui retenaient Léonarde et Alphonse les quittent et suivent Roustan

SCENE IX.

3

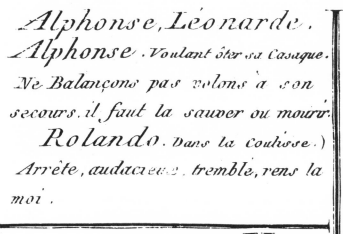

Alphonse, Léonarde.

Alphonse . Voulant ôter sa Casaque.

*Ne Balançons pas volons à son
secours. il faut la sauver ou mourir.*

Rolando . Dans la Coulisse .)

*Arrête, audacieux. tremble, rens la
moi .*

(sur le Devant du Théâtre *Roustan* .
rentre tenant toujours dans ses Bras
Séraphine *Evanouie* *Rolando*
le poursuivant. les Voleurs .

Roustan .

Tu l'esperes envain. je Brave ta menace

Rolando .

*Si tu ne la rens, Scélérat, c'est fait de
ta vie . (Il lui met le pistolet sur la gorge
la lui arrache et la donne à Léonarde
en lui disant)ne la quittez pas Léonarde
prenez soin D'elle .*

SCENE X

Alphonse, et Léonarde.

179

3

Bernard avec la 2.me H.C. Charles avec la 1.re T. Roustan avec la 2.me T.

fondre cha-cun de nous　　*peu vous braver*

chacun de nous　　*peut vous bra ver*　*Rolando*

peut vous bra ver　*je brave encor*

chacun de nous peut vous bra ver chacun de nous peut vous br a ver

chacun de nous peut vous bra ver chacun de nous peut vous br a ver

plus je brave encor plus votre Au-dace

Bernard come la H.C. Charles come la T. Roustan come la B. chante

chacun de nous peut vous bra ver pas un ne craint votre me

reprenez croyez moi vos indignes ar deurs

chacun de nous peut vous bra ver pas une craint votre me

PP

Bernard come la 2.me H.C.

sans Bernard

- nace chacun de nous

peut vous braver

chacun de nous

peut vous bra - ver

Charles come la 2.me T. Roustan come la B. chan.te

3

3

Monstres cruels mon sang se glace

sort af--freux qui la me-nace

-ver   mettez fin croyez nous a vos airs de hauteurs ou bien re-

Bernard et Charles
come la T.

reprinex croyez moi vos indignes ar-deurs ou bien re

Roustan come la B.

-ver   mettex fin croyez nous a vos airs de hauteurs ou bien re

quel af - - freux quel af - freux cour - roux quel

trans - - port et quel af - freux cour - roux

corps fris sonne où la foudre gronde et va lan cer lancer ses coups non non je ne puis

ne puis plus con - te nir mon cour roux la foudre va lancer ses coups

roux la foudre gronde et va lan cer ses coups et va lancer ses coups

3

a la fois semblent vouloir fondre sur Rolando . 3

Bernard comᵗᵉ la H.C..

Corno 1º et 2º

très fort

coups é - par gnez du moins mon E - poux la foudr e é - clate autour de nous la foudre e clate autour de

coups appai - sex du moins leur cour roux la

coups c'est trop longtemps nous bru ver tous

Bernard come la 1.re T.

nous quel noir trans-port et quel cour roux   quel noir trans-port et   quel cour-

nous c'est trop long-tems nous braver tous   c'est trop long-tems nous bra-ver

Bernard come la H.C.

sec

Corno 2.º et Tromp.

-roux quel noir transport et quel af-freux courroux

vous ve-nez ve-nez ve-nez re-ti-rez vous.

tous oui oui j'ose-rai j'o-se-rai les bra-ver tous

tous c'est trop long tems trop long tems nous bra-ver tous

tous oui oui j'ose-rai j'o-se-rai les bra-ver tous

tous c'est trop long tems trop long tems nous bra-ver tous

sec

Fin du 2.me Acte

ACTE IIIeme

Le Théâtre est plus faiblement Eclairé.

SCENE PREMIERE.

Les Voleurs Entrant avec Desordre et fureur.

Chœur.

3

corno 2

non non ne le souffrons pas   oui oui qu'il é-prouve qu'il é-prouve notre rage   qu'il

pas oui qu'il é-prouve qu'il é-prouve notre rage qu'il tombe sous nos

-froi   que la vengeance guide en de - vien - dra plus in - - tré

la vengeance la vengeance gui - - de en deviendra plus intrépide en deviendra plus in-tré

-froi   que la vengeance guide en de - vien - dra plus in - - tré

1.er Cor en Ut

Tromp: en re.

- pi·de   en de - vien - dra plus in - - tré·pide en deviendra plus intré - pide ora'

-pi·de ___

-pi·de ___

l'Éonarde passe sa tête par le guichet pour les écouter et les observer.

SCENE II.

L'Éonarde, les Voleurs. Charles

Ecoutez, mes amis, c'est à Roustan d'aller cette nuit en Course avec quinze de nous, je dois rester ici avec cinq Braves Camarades; je me charge de Tout; que Roustan parte, je vous garantis qu'à son retour, Rolando, ni l'aveugle sur qui j'ai de violens soupçons, ne seront plus du nombre des vivans.

Suite du Chœur.

3

3

3

234

3

3

240

SCENE III.

Léonarde, suivie de Rolando, Entrant avec précaution et regardant de côté et d'autre.

Léonarde (à demi bas.)

Il n'y sont plus. vous pouvez entrer.

Rolando.

As tu bien entendu? ne t'es tu pas trompée?

Léonarde.

Non, Seigneur, vos jours sont en danger. c'est cette nuit qu'ils veulent accomplir cet odieux projet. c'est Roustan qu'ils ont résolu de mettre à votre place, et come l'aveugle leur est suspect, ils doivent aussi se defaire de lui. c'est Charles, Louis, Basile, Sanche, Denis, Robert, qui resteront ici pour executer ce Complot.

Rolando.

Les Scélérats! je ne vois que trop le péril qui me menace et je n'entrevois gueres de moyens d'y echapper: mais je tremble moins pour moi que pour cette femme infortunée. que Deviendra t'elle si elle est aujourd'hui privée du seul appui qui lui reste? à quelle horreur ma mort la laisse en Bute? son Danger me fait frémir!

Léonarde.

Ah, mon cher maitre, je vois votre âme se montrer sous ses véritables traits. ah sauvez cette vertueuse créature rendez la à sa famille. que pouvez vous esperer d'elle? ah la mort qu'elle à résolu de se donner, préviendrait ou suivrait l'accomplissement de vos criminels Désirs.

Rolando (avec effort et sentiment.)

Laisse moi, Bonne femme; ne me fais pas rougir de mes attentats. retourne auprès de cette infortunée, redouble tes soins pour Elle. ce moment va Décider de son sort. mais tu sais combien il y à d'obstacles à surmonter pour sortir de cet horrible lieu. laisse moi quelques momens, et revenez tous trois me rejoindre ici. *(Léonarde sort.)*

SCENE IV.

Rolando seul.

Récitatif obligé.

Andantino

Rolando

Dans ce péril certain quel parti dois je prendre

3

242

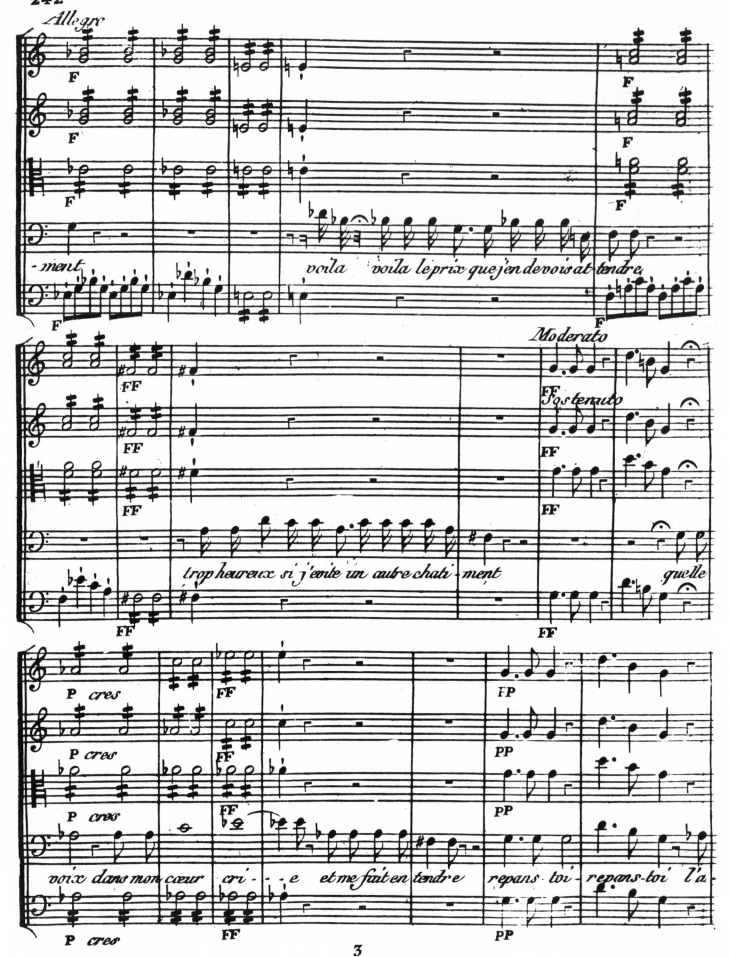

Andantino poco Lento

Allegro

Allegro

: pas ô Ciel i-dée af-freuse idée af-freuse et qui me déses - pere cé-

- dons à me-re-mords oui ren-dons en ce jour un cœur à la ver-tu ra - - me

Oboi

Fagotti.

avec abandon et tendresse

dois la dé-li- vrer à son sort aujour-d'hui j'u- nis ma des-ti -né-e a son

sort aujour-d'hui a son sort aujour-d'hui j'u-nis ma des-ti -né-e

2.ᵐᵉ Oboë

1° Tempo poco più Allegro

-fense?... non non sauvons ses jours mais sans nul autre es - - -poir

ou sauvons ses jours sur nous ses jours mais sans nul autre es-poir du sujet en la per

3

- dant mourir de désespoir   mourir de dé - ses poir   sauvons sauvons ses jours

mais sans nul autre es - poir sau-vons   ses jours mais sans nul autre es - poir mais

3

bien sauvons ses jours mais sans nul autre es - poir dus-sejeenlaper dant mou-

3 quart de voix

-rir de des es poir non non n'hesitons plus sauvons une in for tu - né - e

a 3 quart de voix de

ses dangers cru-els   je. dois la dé-li-vrer   je dois la de-li-vrer oui oui sau-

vons sauvons ses jours mais sans nul autre es poir dusse je en la per-dant mourir de de ses

a 3 quarts de voix.

Ob.

col b

dolce

-poir dusse je en la per-dant mourir de dé-ses poir oui oui sauvons sauvons ses

a 3 quarts de voix.

jours mais sans un autre es poir dusse je en la perdant mourir de déses - poir   dus se jeen la per

Flutes

- dant mou - rir de dé - ses poir mourir de dé ses - poir mou - rir de

dé - ses poir mou - rir de dé - ses poir

3

Eh, Comment au milieu des Dangers qui me menacent moi même, pourrai je l'arracher de cette Caverne. (prêtant l'oreille.) j'entends je crois le bruit des chevaux ; c'est Roustan qui part avec quinze des plus Déterminés. je n'ai donc que le fier Charles à redouter les autres peu à guerris ne m'inquiettent point je ne puis cependant rien entreprendre pour notre Délivrance, que je ne les ayent mis hors d'état de nuire à notre retraite. ils doivent veiller à l'entrée de cette Caverne et rien que la mort ne peut les écarter (après un moment de silence.) j'ai pris mon parti. je sais qu'il faut plus de témérité que de prudence vis à vis de Ces Scélérats. je n'attendrai pas qu'ils m'attaquent. je veux les prevenir, mon intripidité les fit toujour trembler, elle pourra les Subjuguer encore, ils m'ont vu Surmonter des périls plus grands ; mon sang froid, mon Courage, mon Bonheur peuvent seuls me tirer d'un pas si Dangereux, et j'y mets ma confiance ... mais voici cette infortunée.

SCENE V.
Rolando, Séraphine, Alphonse, Léonarde.
Rolando, à Séraphine.)

Vous fremissez à mon aspect rassurez votre Cœur. si j'ai osé Dans mon Egarement outrager votre vertu à qui je dois le retour de la mienne, un ascendant, plus fort peut être et que je ne puis Définir. Commande impérieusement à mon Cœur. le sacrifice de mes Lâches Désirs. Ces-

sez de me voir avec effroi, Bannissez toute Crainte, madame.

Séraphine.

Qu'est-ce vous que j'entens? des sentimens si généreux ?....

Rolando..

Ah! sans Doute la foi d'un homme livré à l'infâme métier que j'exerce doit vous être suspect.

Séraphine

Mon cœur est entierement rassuré. oui je vous crois sincère. vos remords, l'aveu même de vos erreurs, la générosité, le Courage que vous montrez en Décelant votre âme, entrainent ma Confiance. mettez le comble à mon admiration, en m'arrachant à mes Dangers.

Rolando.

C'est n'endoutez pas, mon unique Désir : mais je ne puis vous cacher le péril qu'il me faudra surmonter. ma vie et celle de cet infortuné. (il montre Alphonse.) sont aujourd'hui proscrites Dans ce lieu.

Séraphine.

Ô ciel! que me dites vous ?

Rolando.

Oui ces Scélérats outrés des secours que je vous donne et me voyant le seul obstacle à leurs infâmes Désirs, ont formé cet odieux complot.

Alphonse.

Je ne Balance plus. votre repentir m'est un sur garant de votre vertu. (se Découvrant)
Eh Bien voyez un Défenseur. l'Epoux de Séraphine. nous serons ses liberateurs.

Rolando. Dans l'excès de la surprise.

Je Demeure confondu.....quoi, son Epoux? quel prodige' vous auriez echappé a la mort?

Alphonse.

Votre Cœur en Concevoit-il quelque regret?

Rolando.

Ah, sa joie est extrême; d'un poids accablant il se sent soulagé. oui j'aurais donné ma vie pour racheter la votre jugez Seigneur de la sincérité de mes remords, puis que mon cœur vous voit sans jalousie et qu'il se trouve heureux de votre félicité. mais de quel œil verrez vous un misérable?

Alphonse.

Comme l'ami le plus cher et qui - veut toujours l'être.

Rolando.

Moi, votre ami? ah, je sens Combien je suis indigne de l'être.

Alphonse.

Oubliez vos erreurs: si les passions d'une fougueuse jeunesse ont pû v.⁰ Entrainer. vos remords font assez -

connaitre que les plus rares vertus ont leur source dans votre cœur voyez ma Confiance et ma sincérité; en quittant cet azile mon amitié vous en offre un. venez partager ma fortune. vous Trouverez en moi à jamais un Ami je vous chérirai come un frère.

Rolando.

C'en est trop, vous accabez mon âme, je reste aneanti sous le poid de la honte. et des remords. combien ce procédé me fais sentir ce que mes Egaremens m'ont fais sacrifier, tous les droits que la vertu donne au Bonheur sont anéantis pour moi. la tendresse paternelle, l'estime, l'amitié, l'amour même sont ils faits pour un cœur aussi Coupable? et vous même qui vous montrez si généreux pourriez vous oublier, que c'est d.⁰ l'azile du Crime, entouré de forfaits, que vous m'avez connu? non Seigneur je n'irai pas souiller la retraite sacrée que vous Daignez m'offrir. ah. sans cesse le Crime y ferais horreur à la vertu. c'est dans le repentir et les larmes que je dois ensevelir ma honte et Expier mes fureurs.

3

- - vine vous ont sans doute acquis le nom de Séraphine... apprenez moi ce

lui de vos parents et que dumoins ce cœur ce cœur qui vous revere ....

Séraphine

Le Comte Walvar de Gus

Alph

3

larmes d'al-lar---mes d'al-lar---mes o sex vous confi - er   a nous   o - sex

ô sex vous confi - er   o

pas ne m'interroges pas ne m'interroges pas   ô Ciel que me de - man - dex vous que

Violoncelli

3

268

3

con sentimento   Lento

parlez

cœur   que   mon cœur est touché de   ses   larmes parlez

All.º tremendo
d'un fils naufragé proscrit abandonné   de sa   sœur inconnu   les for

faits exe-crablesn.aurvient ils pas d'un pere inforturné abregé les jours respec-table

Seraphine con gran Sorpredenza.

que dites vous et quelle est ma ter-reur mais quel trouble nou-veau que

je ne puis comprendre quelle voix incon-nu en moi se fait entendre ah'daignezache

heur ce jour lui prépa - - re ve - - nez _ _ _ _ _ _ oui venez ve - nez

Pe - - re ve - - net _ _ _ _ _ _ oui ve - nez ve - nez au près d'un Pe - -

_ _ _ quel bon-heur ce jour lui prépa - - re ve - - nez

non _ _ _ _ _ _ _ non non la pi-tié nous é ga - - re non non _

quel bon-heur ce jour-là pré-pa - - - re ve - nez - - - - - - - - il vous

- re ve - - nez - - - - - - - - quel bon-heur ce jour-là pré

oui ve - - nez quel bon-heur ce jour-là pré-pa - - - re ve - nez - - - - - -

la pi - tié - - - - - - - - non non la pi-tié vous ga - - re non.

re - ce - vra dans son sein vous re - ce - vra dans son sein

pa - re ve - nez il vous re - ce

au près d'un Pè - re il vous re - ce - vra dans son sein

la pi - tié vous é - ga - re non non la pi - tié vous é -

re - ce - vra .... dans ... son sein venez au près d'un Pere en fin venez au

... et un mons - tre un as .... sin sin frayez un monstre nas s a - sin frayez un

près d'un Pere en fin

sins d'in as sas sin

D. Juan.

Qui moi ?... m'offrir Devant mon pere ! après les Crimes dont j'ai noirci
ma vie, les chagrins dont je l'ai accablé, je ne dois point Esperer de
pardon.

Séraphine.

Il sera touché de vos remords. de
vos larmes sinceres venez. venez ô 3

mon frere . Embrasser ses genoux.

D. Juan.

Eh bien il m'y verra. mourrir de
Douleur ... mais du moins que les
derniers momens qui me restent, soit
consacrés à votre Delivrance il n'est
point d'obstacles de périls qu'on ne
me voie surmonter pour vous arracher de cet effroyable repaire. je v

quitte un moment et vais tout dispo-
ser pour votre retraite . ne prenez point
D'allarmes vous m'allez revoir à l'instant.

Alphonse .

Mais vos jours sont ménacés, je
ne vous quitte pas .

D. Juan .

Non, restez les vôtres sont trop précieux pour que je veuille les exposer.
votre présence d'ailleurs rendrait nos
périls plus certains. cependant si votre secours me Devenait nécessaire
au premier Bruit, au premiere Signal
daignez venir à moi .

Alphonse .

Comptez y .

D. Juan .

Suis moi, Léonarde : tu peu m'être
utile .

Leonarde .

Je ne vous abandonne point, mon
cher maitre . (Ils sortent .)

Séraphine, Alphonse. 286

Séraphine .

Quels Evénemens ! quel jour de ter-
reur ! mais ta vie, Dit il, est ménacée
... je fremis .

Alphonse .

Mets ta confiance dans son courage et dans le mien .

Séraphine .

Et le moyen que vous puissiez
resister tous deux contre le nombre .
qu'allons nous Devenir ? quelle assistance pouvons nous attendre ? Deja
le tems s'écoule et tes amis n'ont
encore rien Entrepris . non rien ne
peut rassurer mon Cœur : ce n'est
plus pour moi, c'est pour toi que
je tremble . (on Entend un coup de pistolet.

Alphonse .

Je vole à son secours .

Séraphine .

Arrête ... je ne te quitte point .

SCENE VI.

SCENE VII.

288

3

290

3

SCENE VIII.

Séraphine, Léonarde.

Léonarde.

Dissipez vos terreurs, madame : le péril est passé : nous allons sortir de cette horrible Caverne.

Séraphine.

Serait-il possible ? ils vivent !... Courons.... soutiens moi.

Léonarde.

Non madame : vous allez les voir ah, votre frère, quel homme, quel courage, quelle intrépidité ! en vous quittant, nous n.ᵉ sommes avancés sans bruit vers l'endroit où étaient ces scélérats ; le traite Charles, le pistolet à la main, s'avançait déja à la tête des cinq autres ; votre frère se montre et sans aucun discours, lui lâche son coup qui le jette à ses pieds, les autres, quoi que dans l'excès de la surprise, s'étaient réunis pour l'accabler : dans cet instant votre Epoux a paru : les lâches sont restés anéantis, confondu et jettant bas leurs armes, ont imploré la clémence du Capitaine : il s'est contenté de les lier et de les enfermer dans un endroit où ils ne peuvent être à craindre. votre Epoux et votre frère préparent des Chevaux, ils vont nous arracher de ce repaire infernal : les voici.

SCENE IX.

Séraphine, Léonarde, D. Juan, Alphonse.

D. Juan.

Venez, venez, ne perdons point de tems : les momens sont précieux.

Séraphine.

Grand Dieu, quel Bienfait tu nous accordes !

(Un grand Bruit fait retentir la Caverne.

3

(Final à double Chœur, qui à la rigueur, pourroit ne pas être execu-
te si l'on jouoit le dernier Allegro de l'ouverture pendant la Pantomime du
Allegro Commodo) Siege de la Caverne. on se contenteroit alors de chanter le
morceau intitulé Suite du Final.)

D. Juan
Qu'entens je?
Léonarde
ô Ciel ces scélerats rentrent
tous nous sommes perdus

Don Juan.

Voici l'instant le plus fu-neste voici l'instant le plus fu-neste

re-dou blons nos ef - - forts - - - - - - - - - - - rendons

re re-dou - blons nos ef - - -forts - -

bari ca dons oui oui for mons une bar riere oui rendons vains tous leurs trans

-forts baricadons oui oui formons u ne barriere oui rendons vain

Alph: Don Juan Alphonse

rendons vains leurs transports rendons vain leurs trans - ports opposons

3

Allegro Vivace.

Corno 1º

Corno 2do

Tromp.

Ils Combattent Don Juan et Alphonse les poussent hors
du Théâtre ou ils sont sensés les tuer.

- rible te se ra plus ter rible

3

faut   vous   ren - - - - dre de   vos   for -

- - - - - - dre de   vos for - - faits de vos for -

rendre nonnonplu tôt   plutôt la mort   plutôt la mortouiouiplutôt plutôt la

que de nousrendre   non nonplutôt   plutôt la mort   ouiouiplutôt plutôt la

3

la le prix

SCENE Derniere.

Séraphine dans les Bras de Léonarde, Gilblas D. Juan, Alphonse ses Amis.

Alphonse à D. Juan qu'il tient par la main.

Que ne vous dois-je pas généreux Don Juan, ô Gilblas, ô mes Braves amis, pourrai je jamais m'acquitter envers vous.

Gilblas.

Se peut il? vous vivez mon cher maître

Alphonse. l'embrassant.

Embrasse ton ami.

Gilblas.

J'ai par bonheur rencontré ces Braves gens qui volaient à votre Délivrance, ils ont Consenti que je les guidasse.

Un des amis d'Alphonse.

Vous Devez tout à son zele intrépide

Séraphine revenant à elle et volant dans les Bras d'Alphonse et de son frere.

Ou suis je?... cher Epoux?... mon frere?... ah, quel Bonheur!

Gilblas.

Qu'ai je entendu? son frere!

Séraphine.

Oui, lui même, à qui je dois et l'honneur et la vie.

D. Juan..

Pourrai je jamais me nommer votre frere?

Séraphine.

En est il un plus cher, plus digne de mon Cœur.

3

FIN

A note about the editor

Jean Mongrédien is a professor at the Sorbonne and former director of the Institut de musique et de musicologie; a specialist in French music of the 18th and 19th centuries, he has devoted three volumes to a study of the life and work of the composer Jean-François Le Sueur.

Notice sur le rédacteur

Jean Mongrédien, professeur à la Sorbonne, a été directeur de l'Institut de musique et de musicologie; spécialiste de l'histoire de la musique française des 18e et 19e siècles, il a consacré trois volumes à l'étude de la vie et de l'oeuvre du compositeur Jean-François Le Sueur.

VOLUME	COMPOSER	TITLE (DATE)
1.	Jean-Baptiste LULLY	*Ballet de Flore* (1669)
	Jean-Baptiste LULLY	*Le Bourgeois gentilhomme* (1670)
2.	Robert CAMBERT	*Pomone* (1671)
	Robert CAMBERT	*Les Peines et les plaisirs de l'amour* (1672)
	Jean-Baptiste LULLY	*Les Festes de l'Amour et de Bacchus* (1672)
3.	Jean-Baptiste LULLY	*Atys* (1676)
4.	Jean-Baptiste LULLY	*Le Triomphe de l'amour* (1681)
5.	Jean-Baptiste LULLY	*Persée* (1682)
6.	Jean-Baptiste LULLY	*Armide* (1686)
7.	Marc-Antoine CHARPENTIER	*Le Mariage forcé* (1672)
	Marc-Antoine CHARPENTIER	*Pastorale sur la naissance de N[ostre] S[eigneur] J[ésus] C[hrist]* (1683-85)
	Marc-Antoine CHARPENTIER	*Les Arts florissans* (1685-86)
	Jean-Baptiste MOREAU	*Athalie* (1691)
8.	Marc-Antoine CHARPENTIER	*Médée* (1693)
9.	Michel-Richard de LALANDE	*Ballet de la jeunesse* (1686)
10.	Pascal COLASSE	*Thétis et Pelée* (1689)
11.	Pascal COLASSE	*Ballet des saisons* (1695)
	Michel-Richard de LALANDE	*L'Amour fléchy par la constance* (1697)
12.	Henri DESMAREST	*Didon* (1693)
13.	Jean-Claude GILLIER	*Amphion* (1696)
14.	André Cardinal DESTOUCHES	*Issé* (1697)
15.	André Cardinal DESTOUCHES	*Callirhoé* (1712)
16.	Michel-Richard de LALANDE, and André Cardinal DESTOUCHES	*Les Elémens* (1721)
17.	André CAMPRA	*Le Carnaval de Venise* (1699)

VOLUME	COMPOSER	TITLE (DATE)
18.	André CAMPRA	*Tancrède* (1702)
19.	André CAMPRA	*Idoménée* (1712)
20.	André CAMPRA	*Ballet des âges* (1718)
21.	Henri DESMAREST, and André CAMPRA	*Iphigénie en Tauride* (1704)
22.	Michel de LA BARRE	*Le Triomphe des arts* (1700)
	Jean-Féry REBEL	*Ulysse* (1703)
23.	Theobaldo GATTI	*Scylla* (1701)
24.	Louis LA COSTE	*Philomèle* (1705)
25.	Marin MARAIS	*Alcione* (1706)
26.	Jean-Baptiste STÜCK	*Méléagre* (1709)
27.	Philippe, Duc d'ORLÉANS	*Suite d'Armide ou Jérusalem délivrée* (before 1712)
28.	Joseph-François SALOMON	*Medée et Jason* (1713)
29.	Thomas-Louis BOURGEOIS	*Les Amours déguisés* (1713)
	Toussaint BERTIN DE LA DOUÉ	*Le Jugement de Paris* (1718)
30.	Jean-Joseph MOURET	*Les Festes de Thalie* (1714)
	Jean-Joseph MOURET	*Les Amours de Ragonde* (1714)
31.	Charles-Hubert GERVAIS, and (Philippe, Duc d'ORLÉANS?)	*Hypermnestre* (1716)
32.	Michel Pinolet de MONTÉCLAIR	*Les Festes de l'été* (1716)
33.	Michel Pinolet de MONTÉCLAIR	*Jephté* (1731)
34.	François COLLIN DE BLAMONT	*Les Festes greques et romaines* (1723)
35.	Jacques AUBERT	*La Reine des Péris* (1725)
36.	François FRANCOEUR dit le Cadet, and François REBEL, fils	*Pirame et Thisbé* (1726)
37.	François FRANCOEUR dit le Cadet, and François REBEL, fils	*Scanderberg* (1735)